LE PETIT LIVRE DE
L'AUTO-COACHING

Monique Richter

FIRST
Editions

ISBN : 978-2-7540-8020-0
Dépôt légal : novembre 2015
Imprimé en Italie

Éditions First, un département d'Édi8
12, avenue d'Italie
75013 Paris – France

Tél. : 01 44 16 09 00
Fax : 01 44 16 09 01
E-mail : firstinfo@efirst.com
site internet : www.editionsfirst.fr

Sommaire

Introduction 5
I – Qu'est-ce que le coaching ? 13
II – À savoir pour s'auto-coacher 23
III – Les outils de l'auto-coaching 49
IV – Auto-coaching : le parcours en 7 étapes 73
Étape 1 – Poser le cadre 75
Étape 2 – Comprendre l'état présent 78
Étape 3 – Définir l'objectif 92
Étape 4 – Se donner les moyens 101
Étape 5 - Planifier 127
Étape 6 – Réaliser 132
Étape 7 - Célébrer 139
Conclusion 143
Bibliographie et sources 147
Livres 149
Sites internet 150
Index 151

Introduction

Du désir de changer au plaisir de changer

« Rien n'est permanent, sauf le changement » disait déjà en 540 avant J.-C. le philosophe grec Héraclite d'Éphèse. Il était considéré par certains comme le père de la dialectique, une méthode d'apprentissage par l'étude de positions distinctes, voire contradictoires, à l'aide de la discussion, du raisonnement, du questionnement et de l'interprétation.

C'est le cœur de ce petit livre que je dédie à la contradiction entre le besoin de changer et le confort de pouvoir continuer comme avant, entre notre capacité de flexibilité et notre attachement aux habitudes, familières et confortables même si elles peuvent devenir insatisfaisantes et nous enfermer.

Une chose est sûre, le changement est un sujet de plus en plus important dans notre vie, non seulement parce que nous vivons de plus en plus longtemps, mais aussi parce que notre environnement est en perpétuelle et toujours plus rapide évolution. Rester accroché à ses habitudes revient à nager à contre-courant. N'avons-nous pas plutôt intérêt à développer notre flexibilité et notre capacité d'adaptation aux évolutions de notre environnement ? « La vie, c'est comme une bicyclette, il faut avancer pour ne pas perdre l'équilibre » disait Albert Einstein.

Mais entre notre intérêt de changer et d'évoluer et tout le stress que peut générer l'inconnu, il y a souvent contradiction et conflit, ce qui tend à nous clouer sur place.

Et je ne parle pas des changements que notre environnement nous impose et qui ne sont pas le fruit de notre décision. Le risque est alors de nous prendre pour des victimes et d'oublier que nous sommes des adultes pleins de ressources. Pourtant, notre histoire nous prouve parfaitement à quel point l'Homme est ingénieux, capable de créer et de transformer. Cette capacité de changer, nous l'avons tous. Chacun à sa façon, à son rythme, à son niveau ; bien sûr, chacun l'exprime d'une façon unique.[1]

Et puis, même si nous comprenons, acceptons et sommes prêts à changer, nous ne savons pas toujours comment faire et cela aussi peut nous freiner, nous démunir…

Pour diverses raisons, certains ont du mal à changer, font du sur-place ou tournent en rond. Mais il y a également beaucoup de solutions pour se mettre en mouvement, pas à pas.

Le coaching par exemple, quelle que soit sa forme ou son objectif, a pour but de faciliter le

---

1 Je vous renvoie aux mots de Martha Graham, la fondatrice de la danse moderne :
« Il existe une vitalité, une force de vie, une poussée d'énergie, qui nous traverse et nous porte en action, et parce qu'il n'y a qu'une seule représentation de nous, cette expression est unique. Si nous la contenons, elle ne pourra jamais s'exprimer au travers de quoi ou qui que ce soit d'autre et sera perdue pour toujours. Le monde l'aura perdue. Il ne nous appartient pas de déterminer de sa qualité, ni de la comparer à d'autres expressions. Il est de notre devoir de garder cette voie ouverte… »

changement et de gérer les émotions désagréables et le stress qu'il peut générer. Par l'apport de connaissances, de méthodes et d'exercices pratiques, il permet de cultiver la flexibilité, de faciliter l'accès à nos ressources et nos solutions, de canaliser notre élan dans une direction claire.

Des études ont montré des progrès significatifs chez les personnes qui travaillent sur leur développement personnel à l'aide de livres. Car nous n'avons pas forcément besoin de l'aide d'un professionnel pour évoluer, progresser et changer, n'est-ce pas ? Bien sûr, il peut être nécessaire, dans certaines circonstances, de solliciter l'aide d'un thérapeute ou d'un coach. Les livres ne remplaceront pas le contact avec un spécialiste. Mais, avec les techniques et les connaissances nécessaires, nombreux d'entre nous peuvent se débrouiller tout seuls pour changer, progresser, se motiver, s'auto-coacher. L'avantage d'une pratique personnelle, en plus de développer l'autonomie, est de pouvoir avancer à son propre rythme, en phase avec ses propres valeurs et ses besoins personnels.

Dans ce *Petit Livre de l'auto-coaching*, j'ai voulu partager avec vous des techniques qui m'ont inspirée dans mon propre parcours de personne coachée, de coach et d'auto-coach. C'est en 2002 que les principes du coaching sont entrés dans mon existence et m'ont séduite. C'est à partir de ce moment-là que j'ai pris les rennes de ma vie.

Les techniques, connaissances et conseils de ce livre ont pour vocation de vous inspirer et de vous familiariser avec les principes et le vocabulaire de l'auto-coaching[1]. Je souhaite qu'ils puissent vous aider à choisir, à clarifier et à opérer plus efficacement et plus durablement les changements qui impacteront positivement votre existence, en toute autonomie et à votre rythme.

Sachez néanmoins que l'auto-coaching peut convenir à certains et ne pas fonctionner pour d'autres. Il se destine aux personnes volontaires,

---

1 Le préfixe « auto » tel qu'il est utilisé dans ce livre, n'exclut pas la possibilité d'impliquer ou de faire appel à d'autres personnes. Toutefois, veillez à ce qu'elles soient à votre écoute, positives, bienveillantes et dans le non-jugement.

responsables et proactives. Si vous êtes de ceux qui attendent que l'on vienne régler leurs problèmes, ce livre n'est pas pour vous, pas aujourd'hui. Reposez-le et choisissez-en un autre. Peut-être y reviendrez-vous plus tard.

À ceux qui décident de continuer la lecture, je dis « bienvenue ». Je vous invite à découvrir, à prendre, à apprendre, à expérimenter, puis à déterminer ce qui vous aide, afin de composer votre boîte à outils personnalisés d'auto-coach.

I – Qu'est-ce que le coaching ?

1. Un peu d'histoire

Le coaching s'adressait initialement aux sportifs professionnels, pour les amener à se dépasser, à améliorer leurs performances.

C'est dans les années 1970, aux États-Unis, que les premiers programmes d'accompagnement en coaching pour les cadres d'entreprise ont fait leur apparition. D'abord réservé à une élite de politiciens, d'hommes d'affaires et de stars, le coaching s'est développé en une discipline indépendante. Les méthodes se sont multipliées et aujourd'hui, en tant qu'outil de gestion des ressources humaines, le coaching individuel et collectif a révolutionné le monde de l'entreprise.

L'auto-coaching est apparu récemment, dans la lignée du succès des livres de développement personnel, écrit par des coachs désireux de mettre leurs apprentissages et outils à la portée du grand public.

2. Le coaching, pour quoi faire ?

Les objectifs du coaching peuvent être aussi variés que le nombre d'êtres humains sur terre, mais son but est toujours l'optimisation d'une situation, d'un résultat évalué comme pas ou peu satisfaisant. Qu'il s'agisse de mincir, de renoncer au tabac, de vaincre sa timidité, d'augmenter son influence ou encore d'apaiser ses relations, le coaching individuel vise à faciliter le développement personnel et professionnel au plus près du potentiel et des aspirations du coaché. Le coaching collectif a les mêmes objectifs pour chacun des participants, mais cherche aussi à trouver la meilleure façon d'organiser et de faire avancer l'ensemble, l'équipe, vers son objectif commun.

Au final, le coach, avec son expérience et ses outils, est au service de l'épanouissement et de l'amélioration de la qualité de vie de ses clients. Le coaching permet de faire sens, de décider d'une direction et de se donner les moyens de trouver et d'occuper la place la plus « juste », la plus

« écologique[1] », dans tout environnement, qu'il soit personnel, familial, professionnel ou social.

3. La demande de coaching

Nous ne pouvons pas changer les autres, mais nous pouvons leur donner envie de le faire !

Un coach ne peut pas faire le travail à la place de son coaché. Pour réussir à changer, le coaché doit s'impliquer, être ouvert à la différence, faire des efforts, être flexible, patient[2] et bienveillant. Et surtout, il doit avoir la volonté sincère de changer.

C'est pour cette raison qu'il est d'usage d'organiser une réunion tripartite avant de démarrer le coaching en entreprise. Cette réunion entre coach,

---

1 Dans le domaine de la programmation neuro-linguistique, l'écologie renvoir à l'équilibre at au respect des valeurs d'un individu.

2 En moyenne, le temps nécessaire pour apprendre et automatiser un comportement, pour intégrer une nouvelle habitude, est de 3 mois. Généralement, avec une pratique ciblée et quotidienne, les premiers résultats probants s'observent au bout de 10 jours maximum.

coaché, un représentant du payeur (généralement le responsable hiérarchique du coaché) et éventuellement un représentant de la direction des ressources humaines, sert à mettre toutes les parties intéressées au diapason sur la demande, les objectifs, les attentes, les motivations de chacune des personnes présentes et les indicateurs de progrès. Un programme de coaching, s'il est imposé, risque d'imploser !

Les thématiques les plus courantes des demandes de coaching sont :

- Confiance/estime de soi/affirmation de soi
- Croissance (« crise » existentielle, réorganisation d'un projet professionnel ou personnel)
- Relation avec les autres
- Gestion d'équipe, relations familiales
- Gestion du stress
- Gestion du temps
- Performance
- Prise de décision
- Prise de poste/de nouvelles responsabilités
- Transition professionnelle/reconversion

4. Comment ça marche ?

Il n'y a pas qu'une seule méthode de coaching et il n'existe pas deux programmes de coaching identiques. Chaque programme est une combinaison et un assemblage uniques des outils dont dispose le coach, dans la mesure où il traite un contexte et une demande uniques, face à un individu avec une personnalité et une histoire qui lui sont propres.

Chaque coach, à travers sa pratique professionnelle comme dans sa vie personnelle, va découvrir quels sont ses outils préférés, ceux qui fonctionnent pour lui et pour ses clients, ceux avec lesquels il se sent à l'aise, et bâtir sa propre boîte à outils, qui correspondra au mieux à sa sensibilité, sa formation, son expérience et bien sûr, ses résultats.

Je vous invite vivement à fonctionner de la même manière avec les outils et astuces présentés dans ce *Petit Livre de l'auto-coaching*.

Le contenu de chaque travail de coaching diffère, mais le processus peut se structurer en 7 étapes :

1. Poser le cadre : créer une relation de confiance et de collaboration
2. Comprendre l'état présent : identifier le problème
3. Préciser l'état désiré : définir l'objectif
4. Se donner les moyens : lever les freins, développer les ressources
5. Planifier : bâtir un plan d'action
6. Réaliser : agir, et agir encore
7. Célébrer : fêter la réussite

Certains éléments sont indispensables dans le processus de coaching :

- La relation : par une attitude ouverte et bienveillante, le coach crée une ambiance de sécurité dans laquelle le coaché peut évoluer librement, à son rythme, vers son objectif.
- Le questionnement, un des outils principaux du coach : remettre en question des logiques, des certitudes, des habitudes pour prendre conscience et comprendre comment changer.

- L'écoute : l'attention sincère et active pour comprendre le vécu, la logique et la perspective du sujet.
- L'implication : l'investissement du coach et son sujet sont garants de la progression.
- La prise de recul : la distance, la dissociation émotionnelle pour analyser, choisir et décider « à froid ».
- Le changement de position : bouger dans l'espace et le temps pour changer notre façon de voir les choses.
- La neutralité : le coach ne juge pas ce que fait son sujet, il s'intéresse à ce qu'il veut faire autrement.

Le coaching a trait au changement, et c'est pour cette raison qu'il nécessite un investissement en temps, en énergie et en moyens. Il s'adresse à des personnes qui ressentent le besoin d'autoréalisation, qui sont motivées à exprimer et à vivre la meilleure version d'elles-mêmes et qui sont prêtes à faire des efforts. Eh oui, car changer, évoluer, demande de l'attention, du temps, de l'énergie, et le succès d'un programme de coaching dépend très largement du niveau d'investissement du coaché.

II – À savoir pour s'auto-coacher

1. La posture d'observateur

En auto-coaching, nous allons distinguer deux éléments en opposition : les faits et la fiction.

Un fait est un élément objectif, un phénomène concret, que nous pouvons percevoir à travers nos cinq sens (nous le voyons, l'entendons, le ressentons, le goûtons, le sentons).

La fiction correspond aux décisions que nous prenons sur la signification de ce que nous observons et est basée sur nos interprétations subjectives. L'interprétation peut donner lieu à des préjugés, des projections, des pronostics ou des méprises à propos des comportements des autres, au sujet de l'avenir.

Nous observer de façon factuelle, neutre, à distance, comme si nous nous regardions à travers l'œil d'une caméra, permet de prendre du recul par rapport à nous-mêmes et à nos agissements, et d'ouvrir nos perspectives sur l'horizon des possibles, là où des solutions apparaitront comme des évidences. Soyons prêts à nous observer avec objectivité !

Quelques gestes pour prendre du recul

Émotionnellement : respirer lentement, observer ses battements de cœur.

Mentalement: faire «le travail» de Byron Katie (voir plus loin), repenser à une situation de bien-être, en parler, réfléchir aux actions à mettre en place.

Physiquement : s'isoler, s'éloigner physiquement du problème, changer d'activité, changer de posture, changer de lieu, de position dans l'espace, d'angle de vue.

2. Les états internes

Quand en coaching nous parlons d'états internes, nous faisons référence à nos émotions et aux ressentis corporels qu'elles génèrent. Nos émotions sont comme des formes d'énergie qui opèrent à l'intérieur de nous. Elles vont de pair avec des ressentis physiques, et influencent grandement nos pensées et nos comportements.

A) Les grandes familles d'émotions

Nous pouvons distinguer quatre grandes familles d'émotions : la colère, la joie, la peur et la tristesse.

Nous avons tendance à considérer nos émotions comme positives (toutes celles qui se réfèrent à la joie) et négatives (les familles de la peur, de la colère et de la tristesse). Or, il serait plus juste de parler d'émotions agréables (celles qui nous sont confortables) et d'émotions désagréables (celles qui nous sont inconfortables). Car notre système émotionnel renseigne notre baromètre interne, celui qui nous indique notre météo intérieure et nous signale où nous sommes exactement. Il nourrit notre intuition. Donc plutôt que de subir ou de détester certaines émotions, nous devrions considérer nos ressentis comme des signaux.

Chaque famille a son identité spécifique :

La joie

Ressentis : à l'aise, accompli, accommodant, affectueux, aimable, bienveillant, chaleureux, chanceux, comblé, confiant, content, créatif, détendu, émerveillé, en harmonie, en sécurité, enchanté, enjoué, enthousiasmé, épanoui, exubérant, gai, heureux, inspiré, joyeux, libre, motivé, optimiste, ouvert, ravi, réceptif, reconnaissant, revigoré, satisfait, serein, soulagé, tolérant, vivant, zen...

Sensations physiques : énergie, vibrations, excitation, désinhibition, curiosité, sautillements, envie de chanter, de siffloter, bien-être, confort, liberté...

Indicateur : nos besoins sont satisfaits, tout va bien.

Finalité : aimer.

La tristesse

Ressentis : abattu, affligé, apathique, blessé, bouleversé, cafardeux, chagriné, découragé, déçu, démoralisé, démotivé, déprimé, désespéré, détaché, ennuyé, éploré, esseulé, fatigué, humilié, impuissant, inintéressant, isolé, laid, malheureux, mélancolique, morne, négligé, nostalgique, pessimiste, piteux, rejeté, résigné, triste, vain, vaincu, vidé, vulnérable...

Sensations physiques : ralentissement, retrait, faiblesse, envie de dormir, isolement, silence, envie de pleurer...

Indicateur : il y a un vide dans notre vie.

Finalité : dépasser une perte, combler un vide, créer du nouveau.

La peur

Ressentis : accablé, affolé, angoissé, anxieux, apeuré, atterré, broyé, coincé, confus, coupable, sur la défensive, désemparé, désorienté, déstabilisé, effrayé, épouvanté, faible, harcelé, hébété, horrifié, incertain, inhibé, inquiet, mal à l'aise, méfiant, menacé, nerveux, paniqué, perdu, perplexe, pessimiste, tendu, terrorisé, tétanisé, timide, troublé...

Sensations physiques : immobilisme, paralysie, perte de moyens, trac, angoisse, cœur qui bat plus vite, accélération de la respiration, tension, raideur, boule à l'estomac, gorge serrée...

Indicateur : nous sommes sous la menace d'un danger, réel ou imaginaire.

Finalité : nous protéger.

La colère

Ressentis : agacé, agressif, aigri, amer, choqué, contrarié, critique, destructeur, détesté, énervé, enragé, envieux, exaspéré, fâché, frustré, furieux, haineux, horripilé, hostile, insatisfait, irrité, jaloux, offusqué, provoqué, renfrogné, révolté, trompé, ulcéré, vindicatif, violent...

Sensations physiques : tensions musculaires (avant-bras et mains), le cœur bat plus vite, énergie forte, chaleur, préparation à l'action, rumination, rougeurs, envie de protester...

Indicateur : Notre être, avec ses limites, besoins et valeurs, n'est pas respecté.

Finalité : nous défendre.

Il existe aussi tout un tas d'émotions secondaires, tels que le dégoût, la honte, la culpabilité, la jalousie, le mépris, l'orgueil ou la gratitude. Prenez un moment pour réfléchir aux éléments identitaires de ces émotions. Que pouvez-vous trouver[1] ?

Alors, quelle est votre météo interne ?

B) Le baromètre interne

Comme nous l'avons vu, sonder et évaluer nos états internes nous donnera des éléments très concrets sur notre situation. Mais reconnaître que nous sommes en état d'inconfort n'est pas toujours

1 Pour en savoir plus : Yves-Alexandre Thalmann, *Le Décodeur des émotions*, Éditions First, 2013.

évident. Comme la grenouille qui ne savait pas qu'elle était cuite, peut-être ne sentez-vous pas ce qui se passe réellement en vous ? Je fais référence ici à des expériences scientifiques menées au XIXe siècle qui démontrent que si une grenouille est subitement plongée dans de l'eau chaude, elle s'échappe du récipient d'un bond. Alors que si elle est plongée dans de l'eau froide ensuite portée très progressivement à ébullition, la grenouille s'engourdit ou s'habitue à la température pour finir ébouillantée.

De la même manière, lorsqu'un ressenti désagréable, une gêne, un inconfort s'installe de manière suffisamment lente, il échappe à la conscience et ne provoque la plupart du temps pas de réaction, pas d'opposition, pas de révolte. Attention, soyez vigilant !

Pour vous aider, apprenez à interroger, en dialogue interne ou, encore mieux, à haute voix, trois parties de votre corps, et écoutez leurs réponses :

- **Votre tête**

Vos pensées sont-elles fluides ? Que vous dit votre tête ? Pensez-vous faire le meilleur choix ?

L'image que vous avez de vous-même est-elle valorisante ?

Évaluez sur une échelle de 1 à 10 votre état mental, avec 1 qui est très insatisfait/désagréable/stressant, et 10 qui est très satisfait/agréable/détendu.

- **Votre cœur**

Que vous disent vos battements de cœur, sont-ils légers ou lourds ? Votre cœur bat-il ouvertement ou le sentez-vous serré ? Le sentez-vous vide ou plein ?

Évaluez sur une échelle de 1 à 10 votre niveau de satisfaction/insatisfaction, de confort/inconfort, de stress/détente, d'amour/de désamour.

- **Le ventre**

Que vous dit votre ventre ? Ressentez-vous de l'ouverture ou un blocage ? Votre ventre est il calme comme l'eau d'un lac, ou plutôt sous pression, agité, comme une coulée de lave bouillante ?

Évaluez de nouveau sur une échelle de 1 à 10 où vous en êtes.

Je vous invite à utiliser le baromètre interne dès que vous le pouvez dans votre vie quotidienne, et aussi dans votre découverte des différents exercices, techniques et méthodes présentés dans ce livre. La pratique affinera votre niveau de mesure.

3. Communiquer avec soi-même

Les nombreuses personnes à succès témoignant des secrets de leur réussite le confirment toutes : ce qui compte, ce n'est pas seulement le fond de ce que nous pensons, mais aussi ce que nous disons à nous-même, la forme que prend notre dialogue interne. Comme l'explique Robert Dilts, coach PNL et auteur, « les interactions entre la pensée et le langage organisent et influencent le fonctionnement de notre corps, nos comportements et les résultats que nous obtenons ».

L'acte de coaching est fondé sur le langage. En situation d'auto-coaching, nous allons introduire, dans notre dialogue interne, la voix du coach et la voix du coaché.

Notre espace mental est composé de beaucoup de parties différentes adoptées au cours de notre histoire, de notre éducation et de nos expériences. Les parties représentent les différents aspects de notre personnalité, et ensemble, elles composent notre identité. Chacune des parties a des besoins de valeurs, de convictions, et est associée à un mode de pensées, d'émotions, de ressentis et de comportements. Elles nourrissent notre dialogue intérieur, car c'est à travers elles que nous nous parlons à nous-mêmes.

A) La bienveillance

Notre inconscient est bien souvent littéral et les mots que nous utilisons quand nous nous adressons à nous-mêmes ou quand nous nous parlons de nous-mêmes peuvent devenir des sources de maux et de malheurs. Pour réussir votre auto-coaching, il est essentiel de cultiver de la tolérance personnelle et d'établir un rapport de bienveillance avec vous-même et toutes les différentes parties de vous. Être bienveillant avec quelqu'un veut dire le traiter comme un être aimable et respectable,

l'aborder dans le but de l'aider et de le so
non pas pour le critiquer ou le priver.

La bienveillance est facile et spontanée quand nous faisons bien la différence entre ce que nous sommes et ce que nous faisons, entre notre identité et nos comportements. Même si certains de nos comportements sont critiquables, nous sommes et restons de bonnes personnes, qui méritent d'être reconnues et aimées, en premier lieu par nous-mêmes.

La bienveillance envers nous-mêmes est influencée par notre capacité à reconnaître que nous faisons à chaque instant de notre mieux. Ainsi, une attitude bienveillante envers nous-mêmes peut nous apporter de la sécurité et permet d'avoir une saine estime de soi.[1]

Quand vous sentez que votre partie critique vous écrase et vous diminue, arrêtez-vous un instant, prenez quelques respirations, et pensez à

1 Pour en savoir plus : Rhena Branch,Rob Wilson, Monique Richter, *L'Estime de soi pour les Nuls*, Éditions First, 2015.

des qualités que vous avez, ou que vous pourriez avoir, comme la bonté, la gentillesse, le sérieux, la volonté... Que ressentez-vous ?

B) L'authenticité

« La sincérité mène à l'exactitude. »

Gao Xingjian, prix nobel de littérature en 2000

Le mot « authentique » est associé à quelque chose de vrai, de certain, d'exact. En coaching, l'authenticité est la vertu par laquelle un individu exprime avec sincérité et engagement ce qu'il est profondément. Nous parlons aussi de « congruence » pour dire qu'il existe une cohérence entre ce que ressent une personne, ce qu'elle pense et sa façon d'agir.

Quand nous partageons avec les autres une image fidèle de ce que nous sommes, plutôt que l'image de ce que nous devrions être, nos relations sont plus saines et plus à même de satisfaire nos besoins profonds.

L'authenticité se développe en acceptant d'aller au-delà de ses propres programmations, de se dépasser, d'apprendre, de grandir en conscience.

Les personnes qui ignorent leurs propres programmations agissent un peu comme des robots : métro, boulot, dodo…

En auto-coaching, pas la peine de se raconter des histoires ou de se faire des films. Vous avez tout intérêt à être sincère et authentique avec vous-même, sans vous juger, et plutôt en vous focalisant sur votre capacité à agir, à changer ce qui n'est pas juste pour vous.

Tout à commencé ce jour gris
où tu as fièrement cessé de dire
« JE SUIS ! »
Et où, mi-honteux, mi-craintif,
tu as baissé la tête
et changé tes paroles et attitudes
pour une pensée :
« JE DEVRAIS ÊTRE... »

Laisse-moi te raconter...les chemins de la vie,
Jorge BUCAY

4. L'intention positive

En coaching PNL, nous présupposons que tout comportement, quel qu'il soit, cherche à réaliser quelque chose d'important et de valable, à répondre à un besoin avec une intention positive, même si c'est avec des moyens dépassés ou inadaptés ou qui produisent l'effet inverse.

L'intention positive derrière un comportement agressif, par exemple, peut être de protéger. Derrière la peur, on pourra trouver un besoin de sécurité, et la colère peut être animée par le besoin de marquer des frontières claires.

Les symptômes physiques peuvent également viser à satisfaire un objectif positif. Nous pouvons considérer tout symptôme physique comme une information à propos d'un dysfonctionnement, d'un déséquilibre dans notre vie.

Quels que soient les conséquences et le résultat final, reconnaître l'intention positive d'un comportement ou d'un symptôme est le premier pas vers le changement. Partir du principe qu'à tout moment nous faisons de notre mieux, avec la perspective, les connaissances et les moyens dont nous disposons dans l'instant, nous ouvre la voix vers le progrès.

5. La carte n'est pas le territoire

Comme nous avons vu, nous utilisons nos cinq sens de manière sélective, en fonction de multiples éléments, comme notre éducation, notre culture, notre état physique ou nos préférences. Cette sélection influence fortement notre façon de percevoir les informations, de les interpréter, de leur donner un sens et de les restituer. Chaque être humain a sa perception unique de la réalité et réagit en fonction de sa propre représentation du monde qui l'entoure. Nous ne pouvons pas dire avec certitude que notre représentation du monde est plus vraie ou plus réelle qu'une autre. Lorsqu'on croit qu'on possède la vérité, on doit savoir qu'on le croit, et non pas croire qu'on le sait. L'ouverture d'esprit, la curiosité, la flexibilité et la tolérance de la différence offrent bien plus d'options, plus de choix et plus de possibles que l'enfermement de la certitude.

6. Cultivez votre optimisme en 7 étapes

Il est difficile de vivre une vie positive avec un esprit négatif. Or, naturellement, nous avons tendance à plus facilement remarquer et garder en mémoire nos échecs que nos réussites, ce qui peut mener à des habitudes d'auto-démotivation : « À quoi bon ? » et d'auto-dévalorisation « Je ne vais pas y arriver, je suis trop nul ». Évidemment, avec de telles pensées on fait moins d'efforts et faire moins d'efforts donne moins de résultat.

Mais être optimiste et penser positif est un choix. Une fois que vous aurez compris que votre interprétation des événements n'est pas la seule façon possible des les vivre, de les expliquer et de leur donner un sens, vous pourrez alors arrêter d'écouter vos pensées négatives et néfastes. Vous ne pouvez empêcher une pensée négative de se manifester à votre conscience, mais vou pas obligés d'en ajouter une deuxième, une troisième, jusqu'à installer et entretenir une situation où vous devenez victimes de votre propre mental.

Exercice

1. Pensez à quelque chose de désagréable qui vous est arrivé: un moment de gêne, une expérience stressante, une situation qui vous tracasse.

2. Maintenant, pensez à quelque chose d'émotionnellement agréable: un souvenir, une envie, une vision pour le futur, quelque chose qui vous génère beaucoup de bien-être.

3. Au recto d'une feuille de papier, écrivez votre expérience négative; au verso écrivez l'expérience positive.

4. Pendant une trentaine de secondes, relisez votre expérience négative et ne pensez qu'à cela. Pensez à ce que vous voulez, du moment que cela est relié à la négativité de l'expérience.

5. Au bout des trente secondes, tournez la page et forcez-vous à ne penser qu'à l'expérience positive

6. Au début, vous allez avoir besoin de pratique et de patience. Mais une fois que vous arriverez à zapper facilement du négatif vers le positif, essayez ce qui suit. Regardez votre expérience négative et laissez-vous envahir par du négatif. Puis, à n'importe quel moment, tournez spontanément la feuille et passez à la pensée positive.

7. Au fur et à mesure que vous vous entraînez, vous constaterez qu'en un instant, un mode de pensées négatif peut être remplacé par un mode de pensées positif. Une fois que vous avez réalisé à quel point il est facile de zapper, de changer de chaîne, vous aurez appris à prendre la responsabilité de vos pensées.

Nous, les êtres humains, sommes très sensibles aux états émotionnels de nos interlocuteurs. Voilà pourquoi il est aussi critique de bien choisir son entourage. La plupart du temps, sans nous en apercevoir, par effet d'imitation, de perméabilité, nous sommes influencés par les messages non verbaux de notre entourage. Dans le cadre de votre objectif, évitez donc tant que possible d'interagir avec des personnes qui ruminent du négatif et pompent votre énergie, au risque d'être aspiré vers les bas-fonds de vos propres difficultés. Nous sommes bien plus motivés au contact de personnes enthousiastes qui partagent avec nous leur énergie positive !

7. L'autodiscipline

L'auto-coaching ne peut exister sans l'autodiscipline, les deux sont intimement liés. Wikipédia le confirme bien dans sa définition de l'autodiscipline : « Discipline personnelle, créant de nouvelles habitudes ou actions en vue de s'améliorer et d'atteindre les buts que l'on s'est fixés. » Ça ne vous rappelle pas quelque chose ?

Considérons l'autodiscipline comme un effort positif qui consiste à respecter certaines règles de conduite. Et comprenons que ces règles de conduite, en auto-coaching, sont de notre ressort, c'est nous-mêmes qui les définissons. Il suffit de nous mettre d'accord avec nous-mêmes sur le quoi, le quand et le comment.

Concrètement, l'autodiscipline relève de notre faculté d'adaptation : se mettre au travail quand nous nous sentons en état de le faire, redoubler nos efforts dans les moments propices, mais aussi savoir lâcher prise, ne pas nous forcer quand nous nous sentons faibles, nous poser, nous reposer. L'autodiscipline sert aussi à soigner nos niveaux d'énergie et de motivation, qui sont des éléments fragiles et fluctuants. Comme chez les sportifs, il s'agit de ne pas « se cramer ». Et, soyons honnêtes, il est plus facile de faire des efforts quand on sait profiter des moments de détente et de plaisir.

8. La patience

Ce livre ne se lit pas d'une traite, comme un roman policier dont le suspense vous entraîne à découvrir au plus vite qui est le coupable. Au contraire, comme dans un parcours de coaching classique, composé de sessions et d'intersessions, il est important de faire des pauses pour favoriser l'expérimentation, la réflexion, l'observation, l'intégration. Vous avez toute liberté et tout intérêt à aller à votre rythme, dans la direction que vous jugez la meilleure et la plus pertinente pour vous. Autorisez-vous des pauses, soyez patient et bienveillant avec vous-même et la façon dont vous évoluez.

Dès qu'une information vous interpelle, qu'un sujet vous parle ou qu'un exercice vous tente, autorisez-vous à reposer ce petit livre et à suivre l'élan qui vous a touché, à réfléchir, à prendre conscience, à pratiquer ou à faire une pause. C'est essentiel dans le processus d'apprentissage qui mène au changement durable. Et bien sûr, pensez à noter vos observations, vos découvertes et vos progrès dans un cahier pour pouvoir les relire et y revenir.

9. La répétition

Une fois n'est pas coutume, disaient déjà nos ancêtres au XVIIe siècle. Et c'est encore vrai aujourd'hui (comme quoi, certaines choses n'ont pas changé) ! Ce n'est pas après avoir fait quelque chose une seule fois que nous pouvons parler d'une habitude. Au contraire, une habitude s'acquiert par la pratique fréquente et répétée.

Pour illustrer cela, j'aime comparer[1] la création d'une nouvelle habitude à la construction d'une autoroute. La première fois que nous entreprenons une nouvelle action, que nous posons un nouveau geste, que nous formons une nouvelle expression de nous-mêmes, c'est comme si l'intention de notre esprit devait se frayer un chemin à travers la jungle de notre système nerveux à l'aide d'une machette pour mettre en mouvement notre corps. Ensuite, le passage à répétition sur ce même chemin finira par créer une autoroute, une habitude, qui permettra un accès immédiat entre l'intention et l'action.

1 En coaching, nous aimons travailler avec les métaphores, les histoires, les analogies, les comparaisons, qui parlent à notre inconscient de manière souvent symbolique. La métaphore, par la transposition, permet d'illustrer un phénomène, de faire passer des messages, de générer de nouveaux éclairages sur une expérience personnelle, de changer des croyances et des comportements.

Ainsi, votre habitude devient plus forte à chaque fois que vous la suivez et s'affaiblit à chaque fois que vous l'oubliez.

III – Les outils de l'auto-coaching

1. Être son propre coach : ce que ça change

L'auto-coaching est une nouvelle approche définie comme le fait d'appliquer seul sur soi-même des outils prêts à l'emploi et des questionnements issus des techniques du coaching qu'on peut trouver dans les livres ou sur Internet. Mais ce n'est pas tout.

L'auto-coaching permet de prendre les choses en main, de se donner une perspective différente, des pistes de réflexion sur soi-même, de se munir d'outils pour mieux initier et vivre une période de transition, de changement. Parce que nous ne pouvons pas nous faire accompagner à tout instant par un coach, avoir et intégrer certains des outils d'auto-coaching peut donc constituer un bon début ou complément.

En auto-coaching, nous travaillons sur le rapport entre notre conscient et notre inconscient.

Une métaphore connue compare ces deux parties au cheval (l'inconscient) et à son cavalier (la conscience). Parfois, les deux vont dans le même sens, mais il arrive qu'elles aillent dans des directions totalement opposées. La maîtrise du cheval peut s'avérer une affaire compliquée pour le cavalier. Car le cheval, très impulsif, très sensible aux stimulations directes, peut s'emballer et résister au cavalier négligent, voire le rejeter. Et attention, comme il est écrit dans la Bible : « Le cheval indompté devient intraitable. »

L'auto-coaching vise donc, par des méthodes simples et bienveillantes, à donner plus de puissance et de contrôle à votre cavalier.

2. Un emploi spécifique de l'auto-coaching : changer une habitude

L'auto-coaching peut être un bon moyen de venir à bout d'une mauvaise habitude, une habitude qui ne vous satisfait plus. Que ce soient des pensées, des ressentis ou des comportements qui nous incommodent, il faut se rendre compte que ce ne sont que des habitudes développées en réponse à des situations données. En effet, par économie et par prudence, notre inconscient a tendance à associer les mêmes pensées, états internes et comportements en réponse à une même situation. L'idée, c'est que ce qui a fonctionné une fois devrait fonctionner à nouveau. Et c'est à force de répéter ce scénario que nous installons nos habitudes. L'association entre un stimulus et une réponse n'est plus un choix conscient, elle devient comme un reflexe, un conditionnement, « une programmation[1] ».

Comme le fameux chien de Pavlov, nous sommes des êtres conditionnés, mais contrairement à lui, nous pouvons décider de nous déconditionner. Nous pouvons décider de changer, de faire autre chose ou de faire autrement, de laisser de veilles habitudes pour en adopter de nouvelles. Car ce qui a pu être la meilleure (ou la moins pire) réponse à un moment donné dans notre vie, ne l'est peut-être plus aujourd'hui.

---

1 La programmation neurolinguistique (PNL) est un ensemble de présupposés, de principes, de méthodes et d'outils très utiles en coaching. Pour en savoir plus : Kate Burton/Monique Richter, *Le Coaching avec la PNL pour les Nuls,* Éditions First, 2013.

3. Les limites de l'auto-coaching

Quand nous travaillons seuls à atteindre nos objectifs, nous pouvons rencontrer certains pièges qui forment les limites de l'auto-coaching. Soyez vigilant !

A) L'évitement

Lorsque nous travaillons seuls, il est parfois difficile de repérer les moments où nous rentrons en résistance, les moments où nous touchons à quelque chose dont la charge émotionnelle est si désagréable que nous décidons de ne pas y prêter attention. Alors, nous sommes capables d'inventer toutes sortes de stratégies d'évitement, souvent inconscientes, pour nous mener en bateau nous-mêmes.

B) Les lunettes déformantes

Nous avons chacun construit notre propre image du monde et nous voyons le monde à travers nos propres lunettes. Nous pouvons avoir une image de nous-mêmes déformée qui nous entraîne à répéter les mêmes schémas.

C) Le ressassement

Einstein disait déjà que l'on ne peut pas résoudre un problème avec le même mode de pensée que celui qui l'a créé. Nous avons tendance à toujours réfléchir de la même manière, à généraliser nos expériences, à toujours faire les mêmes choses. Ainsi, quand nous ne voyons pas la solution, nous en concluons qu'elle n'existe pas et nous tournons en rond, bloqués sur un rond-point sans sortie possible.

D) La solution toute faite

Il est tentant de croire qu'il suffit de comprendre une méthode ou un raisonnement pour trouver la solution à un problème, d'attendre la solution miracle plutôt que de tester des outils avec attention, pour les transformer et les personnaliser. Les outils disponibles ne sont efficaces qu'à condition d'être adaptés à notre personnalité et à notre situation spécifique. La clé du succès est en nous !

E) L'inaction

Seuls, nous pouvons céder facilement à d'autres priorités que celle de mettre en place des actions perçues comme difficiles, car elles nous obligent à faire un effort. Or, les prises de conscience, les nouvelles connaissances, si elles ne sont pas suivies de mises en action concrètes pour se rapprocher de la situation désirée, ne servent à rien d'autre qu'à l'enrichissement intellectuel. Et notre situation risque de ne pas changer.

Les recommandations que je peux vous donner par rapport à ces points :

- Soyez vigilant, sincère et authentique dans votre manière de vous observer, n'hésitez pas à interroger les personnes de confiance de votre entourage sur vos comportements.
- Faites appel à un professionnel de l'accompagnement pour vous aider si vous avez l'impression d'avoir des problèmes ou sujets trop pénibles à aborder tout seul.
- Abandonnez l'idée que quelqu'un d'autre peut vous sauver. L'aide extérieure peut être de grande valeur, mais c'est à vous seul d'opérer les changements dans votre vie.
- Acceptez d'être responsable de votre évolution personnelle et de vos choix.

- Comprenez que vous avez toujours le choix de faire autrement. Si vous vous êtes trompé de direction, il sera toujours possible de revenir en arrière et d'en choisir une autre.
- Soyez prêt à vous poser des questions que vous ne vous êtes encore jamais posées et à faire le bilan de votre vie, pour favoriser les prises de conscience, la compréhension de vos propres mécanismes, la connaissance de vous-même.
- Découvrez, testez, adaptez et combinez les outils proposés dans ce livre et constituez votre propre boîte à outils, votre propre recette.
- Répétez et répétez encore les activités qui vous amènent du mieux-être dans votre situation problématique.

4. De l'ignorance à l'excellence

Pour mieux comprendre la mécanique d'acquisition d'un nouveau comportement, d'une nouvelle habitude, je vous propose de regarder les différents stades de l'apprentissage. La figure suivante met en regard compétence et incompétence, conscience et inconscience, créant ainsi 4 niveaux :

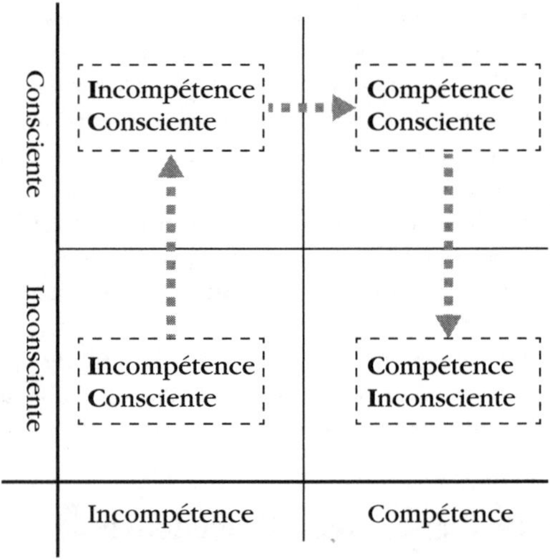

Figure 1 - les 4 niveaux de compétence : de l'ignorance à l'excellence.

Niveau 1 - l'incompétence inconsciente

Il y a quelque chose que nous ne savons pas faire, mais nous ne le savons pas et ce n'est pas gênant. Nos incompétences, nos comportements défaillants, ne sont pas dans le champ de notre conscience.

Niveau 2 - l'incompétence consciente

Nous prenons conscience de notre incompétence ou de notre inadaptation face à un besoin donné. Ce moment peut être inconfortable, nous pouvons nous sentir inadaptés, nuls… Attention donc, à ce stade, aux pensées dévalorisantes que vous pouvez avoir sur vous-même. À la source de votre crise, il y a juste quelque chose que vous n'avez pas encore appris. Le simple fait d'en prendre conscience vous donne l'opportunité d'agir autrement.

Niveau 3 - la compétence consciente

Nous rentrons dans une phase d'apprentissage, en conscience et soutenue par notre dialogue interne, qui nous détaille les séquences d'actions à opérer et qui nous encourage (il vaut mieux !).

Au début, la mise en mouvement peut être difficile, parce que notre esprit est plein, voire submergé, par toutes les informations, les instructions à suivre, les détails à intégrer. C'est dans cette phase qu'il convient d'être présent à soi, vigilant et motivé, que nous avons intérêt à nous rappeler régulièrement notre objectif, à prendre des notes, à planifier, à rester focalisé sur nos buts et nos intentions de changement et bien sûr, à apprécier nos progrès.

Niveau 4 - la compétence inconsciente

À force de répétitions, pour rendre le résultat encore plus efficace, notre cerveau supprime les mots qui soutiennent l'action et notre corps prend la relève tout seul.

La séquence actions est maintenant inconsciente et automatique, nous l'effectuons avec excellence et facilité. C'est devenue une évidence inscrite dans notre corps, une nouvelle habitude, une excellence.

N.B. : l'état de compétence inconsciente, d'excellence, a deux conséquences qui méritent notre vigilance.

1. Nous avons perdu les mots qui soutiennent l'action et il peut être difficile de parler de cette compétence et de la manière dont nous l'utilisons.
   Par exemple, cet aspect oblige les personnes qui doivent expliquer ou transmettre leur expertise à faire un travail de conscientisation avant de pouvoir le faire.
2. L'action est devenue facile, plaisante, évidente et nous avons tendance à en diminuer la valeur, à la banaliser, à penser que c'est à la portée de tout le monde.
   C'est par exemple un problème pour les personnes à la recherche d'un emploi qui ont du mal à valoriser leurs compétences et expertises.

Que pensez-vous de ce schéma ? Avez-vous appris quelque chose ? Quel changement pouvez-vous observer dans votre tête, votre cœur, votre ventre ?

5. Le bilan d'incompétences

Pour déterminer les apprentissages et formations à même de nous apporter un maximum de satisfaction, rien de tel qu'un bilan d'incompétences, pour faire le point sur ce que nous ne savons pas et qui nous serait vraiment utile. Vous pouvez vous aider des points suivants :

- En quoi êtes-vous incompétent ou insuffisamment compétent à vos yeux ?
- Quels sont les savoir, savoir-faire et savoir-être importants à acquérir à vos yeux ?
- Quels sont ceux qui ont du sens, qui vous permettront d'agir davantage en harmonie avec vos valeurs ?

Faites une liste de tout ce qu'il vous serait utile de savoir, personnellement ou professionnellement, et que vous ne savez pas faire aujourd'hui.

Faites une liste de tout ce que vous aimeriez savoir faire, personnellement ou professionnellement et que vous ne savez pas faire aujourd'hui.

- Par quoi allez-vous commencer ?
- Comment allez-vous vous y prendre ?

6. La boucle du feedback

En coaching, nous disons qu'il n'y a pas d'échec, uniquement du feedback[1]. Il est important de comprendre et d'accepter que le changement est un processus, pas un événement solitaire. La plupart du temps, le succès n'est pas la conséquence immédiate d'une action, mais plutôt d'une boucle de rétroaction, de feedback, continue.

La boucle du feedback, appelée T.O.T.E. et mise en lumière en 1960 par George Miller, Eugne Gallanter et Karl Pribam, est un modèle d'apprentissage intéressant. Les lettres T.O.T.E. signifient « Test - Opération - Test - Exit ». Selon ce modèle, nos programmes cognitifs et comportementaux se composent d'un test (un objectif fixe et un système d'évaluation) et d'une série d'opérations (différents

1 Feedback : retour d'information.

moyens pour atteindre cet objectif). Nous fixons consciemment ou inconsciemment des objectifs et développons des tests pour vérifier l'atteinte de ces objectifs. Et si ces objectifs ne sont pas atteints, nous opérons des changements pour nous en approcher. Quand les critères du test sont satisfaits, nous sortons (exit) pour aller à l'étape suivante.

Voilà les différents éléments de la boucle :

- **But :** Quel est votre objectif ?
- **Test :** Comment saurez-vous que vous avez atteint l'objectif ?
- **Opérations :** Qu'allez-vous faire pour atteindre l'objectif ?
- **Opérations d'ajustements** : Qu'allez-vous faire en cas de difficulté ou de résultat insatisfaisant ?
- **Exit :** Vous avez atteint cet objectif, quel sera le prochain ?

Par exemple, un enfant qui est prêt à apprendre à marcher (but), observe d'abord qu'il est incapable de marcher (test), puis il se lève pour essayer (opération). Lorsqu'il tombe, il observe qu'il n'a pas atteint son objectif (test), il se relève et continue à essayer encore (opération), jusqu'à ce qu'il y arrive (exit).

D'ailleurs, savez-vous pourquoi les enfants ne se découragent pas et n'abandonnent pas l'apprentissage de la marche, malgré de très nombreuses chutes ? Parce que personne ne remet en doute leur capacité à réussir !

Moralité : si ce que vous faites ne vous apporte pas la réponse que vous désirez, faites varier votre comportement jusqu'à obtenir le résultat souhaité.

7. L'apprentissage et les 5 sens

L'être humain perçoit et se représente son environnement à travers 5 sens : la vision (V), l'audition (A), le toucher (T), sans oublier l'odorat (O) et le goût (G) que, pour plus de facilité, je regroupe avec le toucher (T). Nous utilisons nos sens de manière sélective, en fonction du contexte, du niveau de fonctionnement de l'organe sensoriel, de notre système de croyances et valeurs, de nos apprentissages et de nos habitudes. Ainsi, nous avons tendance à privilégier un sens en particulier, aussi bien dans la façon de recueillir l'information que dans la manière de la traiter, de l'interpréter, de la lier à d'autres informations, de les stocker en mémoire et de les retransmettre.

Ce sens privilégié est également celui que nous préférons utiliser pour nos apprentissages et inconsciemment nous pouvons en rester là et ignorer les autres. Or, il s'avère que nous apprenons le plus facilement, le plus complètement et le plus durablement, quand nous utilisons tous nos sens.

Pour mettre tout cela en pratique dans ce livre d'auto-coaching, vous pourriez :

- Lire, compléter et observer les schémas, visualiser l'information donnée, pour stimuler votre sens du visuel (V) ;
- Lire à haute voix les points principaux, inventer des questions après un chapitre et y répondre (en dialogue interne ou à haute voix), pour vous servir de votre sens auditif ;

- Prendre des notes, dessiner des schémas, surligner, faire les exercices, pratiquer, pour inscrire vos apprentissages dans le corps (T).

8. Le cahier dédié

Pour aller le plus loin sur chemin que vous êtes en train de prendre, je vous recommande à ce stade de vous munir d'un cahier dédié, pour en faire votre carte routière et carnet de route.

Le cahier dédié est un élément important dans le cadre de l'auto-coaching, notamment parce que :

- Seul, vous ne pouvez vous reposer sur la mémoire d'une autre personne pour vous souvenir de certains détails ;
- Mettre noir sur blanc facilite la mémorisation et l'apprentissage (comme expliqué plus haut) ;
- L'écriture, le dessin, permettent de sortir des choses de notre tête, de nous soulager ;
- Une distance physique est créée entre l'information et nous, ce qui facilite la dissociation,

l'observation neutre, le questionnement, l'ouverture de la perspective[1] ;

- La trace écrite ou dessinée permet de revenir sur des éléments du passé pour mesurer les changements opérés ;
- Créer un tel journal répond à tous nos sens et soutiendra l'apprentissage et le changement.

9. Partons en voyage

Le voyage faisant partie intégrante de ma vie, je n'ai pu m'empêcher de comparer le parcours d'auto-coaching à un voyage.

Les compagnons de route ou les parties

Avant même de commencer à organiser son voyage, il est recommandé d'interroger ses compagnons de voyage pour savoir s'ils ont envie de

1 L'ouverture de la perspective nous donne un champ de vision plus large et donc un choix d'options accru. Nous pourrions aussi dire : sortir la tête du guidon, prendre du recul, de la hauteur, de la distance.

partir et si oui, quels seront leurs prérequis pour que chacun fasse un voyage agréable et intéressant.

En auto-coaching, nous allons interroger les différentes parties de notre personnalité pour poser le cadre et nous mettre d'accord avec nous-mêmes sur la possibilité de remettre en question certaines de nos habitudes pour faire autrement.

Le lieu du départ ou l'état présent

Comme le font les systèmes de recherche et de réservation, la première donnée à prendre en compte quand on part en voyage est le lieu de départ.

En coaching nous l'appelons : « espace problème » ou « état présent », là où nous faisons le constat d'une insatisfaction et duquel nous voulons nous éloigner...

Un changement ne peut intervenir que lorsqu'on est conscient du problème dans le présent.

La destination ou l'objectif

En deuxième lieu, nous allons préciser notre destination, là où nous voulons aller, ce que nous appelons en coaching « espace solution » ou

« état désiré », c'est-à-dire notre objectif. Et afin de nous donner le maximum de chances d'atteindre cet objectif, nous avons intérêt à le définir de la manière la plus précise possible. Imaginez par exemple, qu'après avoir atterri à l'aéroport de Paris-Charles-de-Gaulle, je dise au chauffeur de taxi que je veux aller à Paris. Il y des milliers d'endroits où il pourrait m'amener, chacun susceptible d'être plus ou moins éloigné de l'endroit exact où je veux aller… Comme le disait déjà le philosophe Sénèque : « Il n'y a pas de vent favorable pour celui qui ne connais pas son port. »

Avant d'entamer un changement, il est important de définir précisément ce que nous voulons obtenir. En coaching, cela passe par la définition d'un objectif affirmatif et précis.

Les valises ou les ressources

Une fois que nous connaissons notre point de départ et notre point d'arrivée, nous pouvons définir ce dont nous avons besoin (combinaison de ski, maillot de bain, robe du soir) et évaluer le volume des bagages à emporter.

En coaching, nous allons regarder quelles sont les ressources internes qui vont nous aider à atteindre notre objectif (par exemple la confiance en soi, le courage, la détermination) et si besoin nous allons les chercher, les développer, les renforcer.

Les précautions ou les obstacles

Avant de partir en voyage, on a souvent des choses à finir, à organiser, à arranger, à faire, pour rendre le voyage possible, pour éviter d'être bloqué et pour s'assurer qu'on arrivera à destination de la façon la plus fluide et la plus rapide.

En coaching, pour rendre le changement le plus agréable et le plus probable possible, nous regarderons les freins, les obstacles à lever ou à contourner.

L'arrivée ou les effets

Enfin, arrivés à destination, nous pouvons nous reposer et marquer une pause pour profiter du changement d'air.

C'est tellement bon d'en arriver là !

IV – Auto-coaching : le parcours en 7 étapes

Étape 1 – Poser le cadre

Notre monde intérieur fonctionne à l'image de notre environnement extérieur. Bienveillance, reconnaissance et respect sont des éléments fondamentaux pour assurer une communication efficace et des relations saines. La relation que nous avons avec nous-mêmes détermine notre façon de fonctionner et nos résultats.

Une de mes stagiaires, lors d'un atelier sur la formulation de critiques, a observé que la plupart des gens n'avaient pas besoin des autres pour cela – chacun est déjà tellement critique envers lui-même !

Pourquoi nous focalisons-nous plus naturellement sur nos erreurs, nos limites, au lieu de reconnaître et de capitaliser sur nos forces et nos qualités ? À force d'être critique avec nous-mêmes, il devient de plus en plus difficile d'identifier nos atouts et qualités, nos envies et nos valeurs, au point même de les perdre de vue complètement. Quel dommage !

Pour reconnaître vos points forts et vous motiver :

- Les inventaires de personnalités peuvent être intéressants. Il en existe une multitude, pour toutes sortes de cas de figure.
  Certains sont disponibles gratuitement sur Internet et peuvent s'interpréter tout seuls, comme par exemple : *www.viacharacter.org/survey/account/register* – sélectionnez « en français ».
  Ce questionnaire permet d'obtenir la liste de vos qualités et forces de caractère dans l'ordre de vos préférences. Essayez-le, vous serez probablement très agréablement surpris par ce que vous découvrirez à votre sujet.
- Vous pourriez demander à vos proches de vous donner trois qualités qu'ils apprécient particulièrement en vous. C'est un « jeu » intéressant et agréable, qui en plus a l'avantage de faire du bien à vos relations. Recevez-les informations pleinement, avec gratitude et bonheur, sans les remettre en question. Vos proches vous connaissent et savent de quoi ils parlent.

- De manière plus générale, dressez la liste des compliments et choses positives que l'on dit de vous et relisez-la régulièrement. Cela vous aidera à intégrer vos qualités et points forts, et à nourrir votre confiance et estime de vous-même.
- Tous les matins, au réveil, avant de vous lever, pensez à trois qualités que vous appréciez chez vous.

Maintenant, prenez quelques minutes au calme pour vous demander :

- Suis-je prêt à envisager un changement dans ma vie, même si je ne sais pas encore lequel ?
- Suis-je prêt à sortir de ma zone de confort et à quitter des habitudes pour faire des efforts et apprendre de nouvelles choses ?
- Suis-je convaincu de pouvoir changer ?
- Quels sont mes motivations et mes envies ?
- Y a-t-il des résistances, des doutes, des questions qui apparaissent ?

Notez toutes vos réponses, nous y reviendrons.

Étape 2 – Comprendre l'état présent

Comme évoqué plus haut, pour connaître précisément notre point de départ, le début de notre voyage vers notre but, je vous propose de faire un état des lieux, à l'aide de deux outils très puissants et utiles.

A) Le cycle du renouvellement

Frederic Hudson, coach et professeur à l'université de Columbia, a formalisé les 4 règles du changement continu et créé le modèle du cycle du renouvellement, que je vous propose maintenant d'explorer.

Les 4 règles du changement continu font écho aux changements de paradigme que connaît notre société depuis une cinquantaine d'années. Connaître ces 4 nouvelles règles nous offre une meilleure compréhension de notre environnement et nous permet de nous adapter pour avancer plus efficacement vers nos objectifs. Les voici :

1. **Notre vie est faite de cycles, de suites d'épisodes et de transitions**. Il est courant

aujourd'hui de se renouveler fréquemment, d'avoir plusieurs métiers, de former plusieurs couples successifs dans une vie.

2. **Le changement est la norme et non plus l'exception**. Nous avons intérêt à apprendre à nous adapter, à nous renouveler et à faire du changement notre allié.
3. **Nous sommes acteurs de notre vie.** Nous devons de plus en plus compter sur nous-mêmes pour être moteurs de notre changement, veiller à notre sécurité interne, définir notre chemin et nos objectifs, garder le cap sur nos buts.
4. **L'apprentissage devient notre première activité à tout âge**. Pour suivre le mouvement du changement, nous devons à tout instant acquérir de nouvelles compétences, adopter de nouveaux comportements, installer de nouvelles habitudes.

Le modèle du cycle du renouvellement sert à donner un sens, une direction au changement et permet de mieux comprendre ce que nous vivons dans nos transitions personnelles et professionnelles. Dans ce modèle, aussi appelé le cycle du changement, Hudson fait la distinction entre :

- un « épisode de la vie » aussi appelé changement de niveau I, représenté par les deux quadrants supérieurs du schéma de la page suivante ;
- une « transition de la vie » ou un changement de niveau II, représenté par les deux quadrants inférieurs du schéma de la page suivante ;

Un épisode de la vie est une période de stabilité relative marquée par de la structure, des routines familières, des objectifs et des réalisations. Un épisode vient inévitablement à sa fin pour déclencher une période de transition, d''instabilité, d'incertitude et de désenchantement. Une période de transition ferme un épisode du passé et nous amène à faire le point sur notre situation actuelle, à nous redéfinir, à nous réinventer.

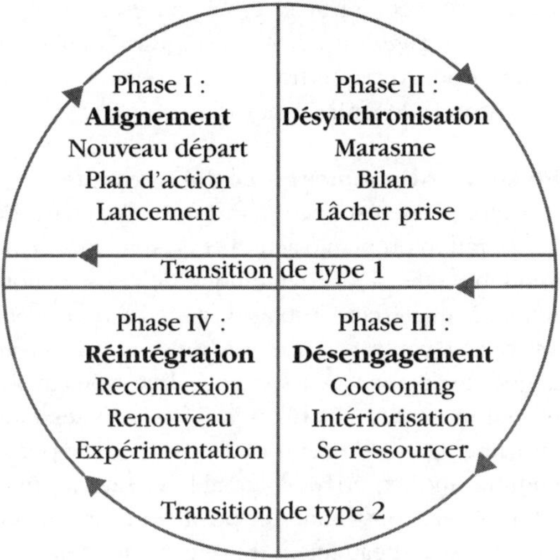

Figure 2 - Le cycle du changement : 4 phases pour un renouveau permanent

Le cycle du renouvellement est constitué de 4 phases. Chaque phase contient des aspects typiques de l'expérience personnelle au niveau des pensées, des émotions et des comportements. Le voyage intérieur à travers ces 4 phases est comparable au voyage du héros, c'est-à-dire à l'histoire et aux épreuves que traverse un personnage de fiction pour devenir un héros[1].

Phase I : Alignement – Le soi héroïque

Cette phase est celle d'un nouveau départ, de l'élaboration du plan d'action et de son lancement. Pendant cette phase dynamique de construction, nous sommes dans le plaisir, dans l'action. Nous suivons un cap et nos actes ont du sens, car ils sont alignés avec nos valeurs et notre but. Nous avons le sentiment de nous réaliser, d'être en vitesse de croisière. Généralement, nous vivons cette phase comme une expérience agréable et satisfaisante. Notre énergie est haute et positive, notre météo interne est au beau fixe, c'est l'été. Nous cherchons

1 Le concept du voyage du héro est établi par Joseph Campbell, spécialiste de mythologie comparée. Il présente dans son livre *Le Héros aux mille et un visages* cette notion classique en narratologie du voyage initiatique du héros, que l'on retrouve dans de nombreuses œuvres littéraires et cinématographiques.

à installer et maintenir un palier durable de réussite et de bien-être.

Mais un jour, le changement frappe à notre porte.

Phase II : Désynchronisation – Le soi désenchanté

Cette phase est moins plaisante, moins agréable, moins facile que la précédente. Notre élan vital est ralenti, voire stoppé, soit par un événement externe (par exemple un licenciement ou une séparation), soit parce que nous en avons assez de notre situation et pensons qu'il est temps de bouger.

Notre météo interne tourne à l'automne, notre énergie est haute et négative ; des insatisfactions, des frustrations et des déceptions apparaissent. Il est temps de faire le point, d'identifier ce qui ne nous convient plus, puis d'apporter les changements nécessaires pour revenir à la phase 1. Parfois, il nous suffit juste d'abandonner certains aspects de notre vécu, de les raccommoder, les restructurer, les réaménager, pour lancer un nouvel épisode et retrouver le plaisir et le bien-être. Nous parlerons alors d'un changement de type 1.

Phase III : Désengagement – Le soi intériorisé

Cette phase apporte une période de détachement, d'abandon et d'intériorisation. Nous voilà dans notre hiver, avec une énergie basse et négative, une impression de non-retour, de stagnation, de sur-place. Nous sommes en train de vivre une grande transition de type 2, un changement profond et structurant de sens et de direction. Le temps est venu de cocooner, d'hiberner, de nous retirer du monde, de réduire nos activités et nos contacts, de nous désengager du passé pour nous ressourcer et nous retrouver pleinement afin d'inventer notre nouvel avenir. Cette phase forme le passage d'une énergie haute et négative (phase II) à une énergie basse et négative. Elle est impopulaire et nous avons tendance à vouloir l'éviter ou l'écourter.

Phase IV : Réintégration – Le soi passionné

Dans cette phase, nous opérons notre retour vers la vie, avec une reprise d'élan et une énergie plus positive. C'est une sorte de printemps : nous avons envie de sortir, d'aller explorer, expérimenter, de rencontrer des gens en lien avec la nouvelle période que nous préparons.

Puis, quand nous nous sentons prêts, nous entrons dans une nouvelle phase I, un nouveau départ pour vivre un nouveau cycle d'épisodes et de transitions.

N.B. : chaque phase dure un certain temps et les durées varient d'une phase à l'autre, d'un cycle au suivant, comme vous l'avez sûrement observé dans votre histoire personnelle.

De la même manière que pour pouvoir sortir d'une pièce, il faut être entré dedans au préalable, pour dépasser une phase, il faudra d'abord y entrer. La résistance que nous pouvons déployer à entrer dans une phase est susceptible de fortement ralentir le processus de changement. Pourtant, reconnaître l'aspect cyclique du changement peut aider à lâcher prise et à suivre le mouvement. Nager à contre-courant est tellement fatigant !

Pour résumer :

Phase I - Alignement : énergie haute et positive, joie, dynamisme, envie, mille idées à la minute.

Phase II - Désynchronisation : énergie haute et négative, agacement, insatisfaction, frustration, déception.

Phase III - Désengagement : énergie basse et négative, envie de rien, fatigue, mélancolie, déprime.

Phase IV - Réintégration : énergie basse et positive, confiance retrouvée, sérénité.

Maintenant, pour savoir où vous en êtes, je vous propose de prendre position sur le cycle du renouvellement :

- Inscrivez sur 4 feuilles ou post-it les numéros et noms des 4 phases ;
- Disposez ces feuilles par terre, en suivant le modèle de la figure 2 ;
- Faites un premier tour de reconnaissance, déplacez-vous sur les feuilles pour vous associer aux particularités de chaque phase ;
- Trouvez des repères, des exemples dans votre expérience, pour chacune des phases ;
- Prenez votre temps, faites plusieurs tours ;

- Ensuite, faites un autre tour, où c'est votre situation actuelle qui vous guide ;
- Repérez la phase du cycle que vous vivez à l'instant. Utilisez votre baromètre interne pour vous aider ;
- Demandez à votre inconscient : « De quoi ai-je besoin pour bien vivre cette phase et passer à la suivante ? »

En faisant ce travail de positionnement, en découvrant la phase que vous vivez actuellement, vous prenez conscience de la phase qui suit et ainsi, vous pouvez commencer à vous intéresser aux éléments de la prochaine phase pour faciliter le mouvement.

Il est probable que vous vous retrouviez dans plusieurs phases, d'abord parce que le passage d'une phase à une autre se fait progressivement, mais aussi parce que notre niveau de satisfaction varie d'un domaine de vie à l'autre. Bien sûr, nos réactions sont toutes différentes, et chacun de nous a sa manière de vivre les phases.

Focalisez-vous sur la position où vos émotions et ressentis sont les plus intenses, vos pensées les plus vives.

B) Les domaines de vie

Notre vie regroupe différents domaines auxquels nous accordons notre attention et notre temps. Chaque domaine comporte ses exigences propres, ses activités spécifiques, ses attitudes et postures particulières. Ensemble, ils se côtoient et s'imbriquent pour former un système, un ensemble plus ou moins cohérent et équilibré.

Si vous éprouvez du stress dans votre quotidien, pourquoi ne pas reconnaître que cette friction que vous ressentez est un indice que vous êtes éloigné de votre centre naturel et spontané, de votre capacité de bonheur véritable ? Un petit changement efficace dans un de vos domaines de vie pourra vous apporter beaucoup de bien, de mieux. Sachez que tout changement dans une partie du système aura un impact sur l'ensemble. Dans un premier temps, demandez-vous par quoi il est pour vous le plus urgent et le plus pertinent de commencer.

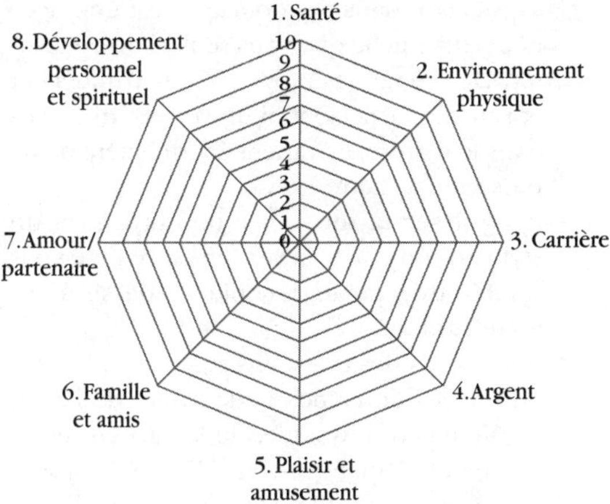

Figure 3 - La roue des domaines de vie : 8 éléments pour une vie équilibrée.

- Évaluez pour chacun des domaines votre niveau de satisfaction. Comme dans les exercices précédents, 0 représente le niveau le plus bas, l'insatisfaction complète, et 10 le niveau le plus haut, la satisfaction totale. Attention, comprenez que le degré de satisfaction dans ces domaines est une donnée personnelle que vous seul pouvez mesurer. De même, les moyens pour l'influencer et l'améliorer ne sont ni universels, ni gravés dans le marbre, ils varient énormément d'une personne à l'autre.

- Remplissez la roue avec un crayon ou un stylo de couleur. Si la version de ce livre vous semble trop petite, recopiez le dessin dans votre cahier.
- Aidez-vous des questions suivantes :
  - Pour les domaines de la santé, de l'environnement physique, de la carrière et de l'argent, demandez-vous : Est-ce que je me sens en forme ? En sécurité ?
  - Pour les domaines du plaisir et de l'amusement, des amis et de la famille et de l'amour, demandez-vous : Est-ce que je me sens bien entouré ? Reconnu, aimé, heureux ?
  - Pour le domaine du développement personnel et spirituel, demandez-vous : Est-ce que je me sens exister ? Libre ? Accompli ?

Suis-je épanoui et en plein déploiement de mon potentiel ?

- Maintenant évaluez quel est votre niveau de satisfaction idéal dans chacun des domaines. Utilisez une couleur différente pour remplir votre roue.
- Puis, pour chaque écart entre niveau de satisfaction présent et niveau de satisfaction idéal, demandez-vous :
  - Comment puis-je travailler pour atteindre ce niveau de satisfaction ?
  - Que puis-je faire autrement ou en plus qui me permettrait de passer au niveau supérieur, par exemple, du niveau 5 au niveau 6[1] ?
  - Qu'ai-je besoin d'apprendre, de développer, de modifier, pour améliorer la situation et être plus satisfait ?
  - Sur quels talents et ressources internes puis-je m'appuyer ?

1 Nous sommes à la recherche du plus petit changement qui pourra avoir le plus gros effet sur notre vie.

Écrivez les réponses dans votre cahier et commencez à reprendre contact avec votre vie, vos véritables besoins et valeurs.

N.B. : Il est souvent dit que notre premier capital est notre santé, et personnellement je partage cet avis. Prendre soin de sa santé permet d'avoir le bon niveau d'énergie peut être capable de faciliter les changements dans les autres domaines.

Étape 3 – Définir l'objectif

Avant de rentrer dans le vif du sujet, j'aimerais lever une éventuelle confusion entre les notions de « but » et « d'objectif », qui ne se trouvent pas au même niveau. Notre but est notre objectif majeur, ce que nous désirons atteindre concrètement à plus ou moins long terme. Il n'est pas mesurable, ni défini dans le temps et ne sera probablement jamais réalisé à 100 %, en tout cas pas comme nous l'avons rêvé, car il dépend de facteurs externes et d'autres imprévus.

Quelques exemples de buts :

- Trouver l'équilibre entre ma vie personnelle, professionnelle et sociale
- Trouver un travail épanouissant
- Planifier mon temps selon mes priorités
- Être en pleine forme

Les objectifs découlent de notre but et sont autant de moyens de nous en rapprocher petit à petit, d'actions concrètes et mesurables qui ne dépendent que de nous. Demandez-vous : « Quelle est la prochaine petite action que je peux entreprendre pour me rapprocher d'un pas vers mon but ? »

Quelques exemples d'objectifs :

- Faire l'inventaire des domaines de vie (voir page 88)
- Réserver du temps dans mon agenda pour réfléchir à un projet
- Faire la liste de mes tâches, projets, rêves, actions, puis les prioriser selon la matrice d'Eisenhower (voir page 128)
- Me remettre au sport

Décomposer un but en objectifs et sous-objectifs permet de concentrer son attention sur des actions courtes et concrètes et évite ainsi d'être submergé par l'énormité du but.

Pour favoriser le travail, veillez au cadre :

- Orientez-vous vers l'objectif plutôt que vers le problème, vers le futur plutôt que vers le passé.
- Focalisez-vous sur le comment (les actions) plutôt que sur le pourquoi (les causes).
- Envisagez les possibilités, les choix, les options, plutôt que les nécessités, les obligations et les devoirs.
- Intégrez la notion de feedback plutôt que d'échec si quelque chose ne marche pas.
- Montrez de la curiosité plutôt que du scepticisme.
- Assumez vos responsabilités au lieu de chercher à blâmer.

Définir un objectif PCVAREM

Cette méthode efficace permet de se fixer un objectif précis, à la fois au-delà de sa zone de confort et à sa portée. Explorez, vérifiez, mettez en perspective votre objectif à l'aide des 7 points clés suivants, abrégés sous l'acronyme PCVAREM. Servez-vous de votre baromètre interne. Veillez à ce que votre objectif soit :

Positif

Tout d'abord, formulez votre souhait de changement (la direction de votre intention) en termes positifs, c'est-à-dire affirmatifs[1], en une phrase simple et précise. Aidez-vous de ces questions :

- Qu'est-ce que je veux ? Qu'est ce que j'ai envie d'obtenir comme résultat ? Qu'est ce que je veux changer ? Quel est mon objectif ?
  Par exemple : « Je veux me remettre au sport. »

1 Notre cerveau ne peut avoir de représentation négative, la négation étant un concept abstrait. Si je vous dis : « Ne pensez pas à un cercle jaune », vous allez d'abord vous construire une représentation d'un cercle jaune avant d'essayer de ne pas y penser. Ainsi un objectif comme « ne plus remettre à plus tard ce travail à rendre » va focaliser l'attention de votre cerveau sur « remettre à plus tard ».

Contextualisé

Vos objectifs devront être contextualisés pour avoir une cible précise. Où, quand, avec qui et avec quoi allez-vous atteindre votre objectif ? Et pour éviter de remettre à plus tard, vous devez décider d'une date limite de réalisation pour chacun de vos objectifs. Ce genre de limite positive contribue à démarrer et à réaliser les choses.

Aidez-vous de ces questions : Où, quand et avec qui est-ce que je veux atteindre cet objectif ? Dans quel contexte et quelles circonstances ?

Par exemple : « Je veux aller courir au bois de Vincennes tous les dimanches matins avec mon ami Teddy. »

Vérifiable

L'atteinte de votre objectif se vérifiera par des preuves sensorielles internes et externes (observables par vous et par les autres), à court et à long terme. Définissez vos critères de réussite et la manière dont vous allez les mesurer.

Aidez-vous de ces questions et des techniques de visualisation : Comment saurai-je que j'ai atteint mon objectif ? Que verrai-je, qu'entendrai-je, que je ressentirai-je à ce moment-là ? À quoi penserai-je ? Que pourra-t-on observer de moi quand j'aurai atteint mon objectif ?

Par exemple : « En courant régulièrement, je deviendrai plus en forme, plus tonique, plus énergique. Je serai aussi heureux de voir mon ami et de partager ce moment d'effort avec lui toutes les semaines. »

Atteignable

Vos objectifs se doivent d'être personnels et de correspondre à vos propres valeurs. Leur réalisation relève de votre responsabilité et de votre contrôle à 100 %. En d'autres termes, le changement que vous souhaitez doit être initié et maintenu par vous.

Aidez-vous de ces questions : De qui dépend la réalisation de mon objectif ? Est-ce de mon ressort ? Quel est mon rôle ? Qui prend les décisions ? Cet objectif est-il bien sous mon contrôle à 100 % ?

Par exemple : « Et même les dimanches où mon ami ne viendra pas, j'irai quand même courir pour maintenir mon élan. »

Réaliste et réalisable

La réalisation de votre objectif va vous demander de vous dépasser, mais gardez les pieds sur terre ! Il faut impérativement que votre objectif soit à votre portée et respecte vos contraintes et limites. Pour éviter de vous décourager ou d'essuyer un échec, évaluez précisément les connaissances, les compétences, les moyens et les ressources à apporter, l'aide ou le temps nécessaires à la réalisation, les obstacles à lever, les étapes et les sous-objectifs.

Aidez-vous des questions suivantes : De quoi vais-je avoir besoin pour atteindre l'objectif ? Qu'ai-je besoin d'apprendre ? Quels sont mes éventuels alliés ? Quelles sont les différentes étapes ? Quelle est la première étape ? Qu'est-ce qui pourra m'empêcher d'atteindre mon objectif ? Comment puis-je lever ou contourner l'obstacle ou ajuster mon objectif ?

Par exemple : « Ce samedi, je devrai m'acheter une bonne paire de chaussures de sport. »

Écologique

L'atteinte de votre objectif va vous demander des efforts et des sacrifices, et aura des conséquences sur votre équilibre interne et externe. Il vous attire par la représentation que vous vous en faites, mais vous ne savez a priori pas à quoi vous attendre réellement. Un objectif écologique respecte le système familial, professionnel et social dans lequel vous vivez, il bénéficie à tout le système. Un objectif non-écologique pourra vous retenir de vous engager pleinement et empêcher la réalisation du projet. Si nécessaire, changez d'objectif ou ajustez-le en fonction de ce que vous aurez découvert.

Aidez-vous des questions suivantes : Quel est le risque ou l'inconvénient à atteindre mon objectif ? Y a-t-il un avantage à ne pas l'atteindre ? Quels seraient les retombées pour moi et mon entourage ? Qu'est-ce qui m'a empêché d'apporter ce changement dans le passé ? Quels autres changements vont être possibles quand j'aurai atteint mon objectif ?

Par exemple : « Je ne ferai plus la grasse matinée le dimanche matin, mais en faisant du sport régulièrement, j'aurai davantage la pêche et je dormirai mieux. »

Motivant

L'objectif doit être valable et justifier les efforts à fournir. Ce dernier point vous permet d'explorer les bénéfices ou les récompenses que vous retirerez en accomplissant votre objectif. Plus vos raisons de réussir sont précises, fortes et importantes, plus vous arriverez à maintenir la discipline nécessaire. En d'autres termes, il est essentiel que votre engagement ait des bénéfices certains et déclenche un niveau d'énergie suffisant pour agir.

Aidez-vous des questions suivantes : Que m'apportera la réalisation de mon objectif ? Pour quelles raisons exactement est-ce que je veux réaliser ou obtenir cet objectif ? Qu'est-ce qui est important pour moi dans la réalisation de cet objectif ? Cet objectif vaut-il tous les efforts qu'il suppose ?

Par exemple : « Ce sera un peu difficile au début, mais je vais très vite progresser et trouver un niveau d'énergie très agréable et profitable. Je me sentirai en forme et en bonne santé, en puissance et en confiance, capable de me dépasser et de réussir. »

Étape 4 – Se donner les moyens

Un outil simple et pratique pour intégrer un processus de changement, tester son objectif et identifier les questions qui restent à résoudre pour l'atteindre est le modèle SCORE, développé par Robert Dilts, coach PNL et auteur. Il permet, entre autres, d'identifier les freins, les obstacles qui empêchent d'atteinte un objectif, et les ressources, les moyens internes qui soutiendront votre réussite.

A) SCORE

Reprenez le cadre de votre situation problématique et de votre objectif de changement. Prenez 5 feuilles de papier et inscrivez un mot sur chacune : cause, symptômes, ressources, objectif, effets. Alignez-les par terre dans cet ordre, en laissant un peu d'espace (quelques pas) entre chaque feuille. Positionnez-vous debout sur chacune des feuilles, associez-vous à chaque situation et interrogez-vous profondément sur le mot qui y est inscrit. Fermez les yeux et allumez votre baromètre interne. Effectuez un premier tour d'exploration, en choisissant l'ordre que vous voulez et en vous autorisant tous les aller-retour que vous souhaitez. Aidez-vous des questions suivantes :

Symptômes

Quelle est la situation présente, quel est le problème ?

Quels sont les aspects observables du problème (pensées, ressentis, comportements) ?

En quoi est-ce un problème pour moi ?

Qu'est ce que je veux changer ?

Par exemple : « Je me traîne, je n'ai pas d'énergie, peu ou pas de motivation. Ça m'énerve parce que je n'avance pas dans mon travail, alors que j'ai plein de choses à faire… »

Cause

Quels sont les éléments qui contribuent à créer et maintenir le symptôme (pensées, ressentis, comportements) ?

D'où viennent ces éléments ?

Qu'est-ce que m'empêche de changer le symptôme, le problème ?

Qu'est-ce que le symptôme me permet d'obtenir, quelle est son intention positive ?

Par exemple : « J'ai beaucoup de travail depuis six mois, ça n'arrête pas et je ne prends plus le temps de m'occuper de moi, parce que je veux garder mon emploi. »

Objectif

Qu'est ce que je veux atteindre, quel est mon but ?

Qu'est-ce que je veux à la place du symptôme ?

Quel est le premier objectif, la première action, qui me permettra de me rapprocher de mon but ?

Comment saurai-je que j'ai atteint cet objectif ?

Par exemple : « Je veux me sentir en meilleure forme, en meilleure santé, avoir plus d'énergie. Un premier pas sera de me remettre à courir. »

Ressources

De quels éléments ai-je besoin pour résoudre le problème (pensées, ressentis, comportement) ?

De quoi est-ce que je dispose pour faire évoluer la situation et atteindre mon objectif ?

Quelles sont les autres situations où j'ai su régler ce type de problèmes ? Par quels moyens ?

Qui dans mon entourage a réussi à régler ce type de problème ? Qu'a-t-il fait ?

Par exemple : « Je devrai me racheter une paire de chaussures de sport. J'ai besoin de motivation et d'autodiscipline, surtout les premières fois, pour passer à l'action. J'ai aussi besoin de détermination et de persévérance. Comme quand j'ai préparé le semi-marathon il y a deux ans. Je peux contacter un ami pour m'accompagner. »

Effets

Quel est l'effet de la réalisation de mon objectif (pensées, ressentis, comportement) ?

Qu'est-ce que cela changera pour moi et mon entourage ?

Comment sera ma vie après avoir atteint ce que je veux ?

Quelles seront les conséquences à long terme ?

Par exemple : « Je me sentirai bien dans mon corps et dans ma tête, j'aurai la pêche et la banane, je me sentirai en confiance, tonique, détendu. J'aurai moins la tête dans le guidon : je serai plus performant au travail et plus présent à la maison. »

Après, faites un deuxième passage, cette fois-ci dans l'ordre des feuilles au sol : cause, symptômes, ressources, objectif, effets. En marchant très lentement, observez ce qui se passe en vous lorsque vous transitez d'une position à l'autre, des causes jusqu'aux effets.

Y a-t-il des questions, des résistances, qui apparaissent ? Écoutez bien ces messages et identifiez précisément où se situe le problème, ce qui vous manque pour trouver la solution. Prenez pleinement conscience des obstacles à votre réussite et transformez-les en nouveaux objectifs. Décomposez !

B) La résistance au changement

Le besoin de changement apparaît lors du constat d'un déséquilibre entre les exigences externes (les contraintes de notre environnement) et internes (nos valeurs, nos croyances, nos rêves et aspirations). Nous n'aimons pas le déséquilibre, il nous déstabilise, nous fait peur, nous fatigue, et nous avons une pulsion très forte à vouloir retrouver la sécurité de l'équilibre.

On peut rapprocher cela de la loi du mouvement d'Isaac Newton : « Tout corps persévère dans l'état de repos ou de mouvement uniforme en ligne droite dans lequel il se trouve [équilibre], à moins que quelque force n'agisse sur lui, et ne le contraigne [déséquilibre] à changer d'état. »

Dans nos vies mouvementées, c'est par le changement que nous pourrions créer un nouvel équilibre qui sera plus aligné[1], plus stable et confortable, générateur d'une plus grande énergie et performance. À condition bien sûr, d'affronter l'insécurité du déséquilibre.

Bien que le changement soit un des éléments incontournables de notre existence et de notre évolution, nous tendons à vouloir maintenir les choses comme elles sont. Même dans le cas où nous avons compris l'intérêt de changer, que nous voulons changer, nous n'y arrivons pas. Cette résistance au changement est en grande partie inconsciente et

---

1 Alignement : quand nos actions et nos comportements sont en phase avec nos valeurs, notre vision, notre sens de nous-mêmes. En coaching, nous parlons aussi de « congruence ».

échappe à notre contrôle. Comme si, inconsciemment, nous faisions tout ce qu'il fallait pour l'éviter, l'oublier même. Ne vous est-il jamais arrivé de prendre une bonne résolution au 1er janvier et de vous rendre compte un mois plus tard que vous l'aviez complètement oubliée ?

En fait, c'est l'œuvre de votre inconscient. Il a mis en place des mécanismes de défense, de protection, et ce depuis le moment de votre naissance, qui est une expérience traumatisante pour chaque être humain. Car a priori, dans le ventre de notre mère, nous sommes à l'abri, dans un environnement stable et protégé, où le temps n'existe pas et où tous nos besoins sont satisfaits dans un flux continu et constant. Puis un jour, voilà qu'une force nous pousse à travers un tuyau étroit, pour sortir de l'autre côté dans un environnement très instable, où il y a des lumières brillantes et des bruits forts, où il fait froid ou chaud, jour ou nuit, où nous découvrons la faim, la soif et plein d'autres sensations désagréables. Pas étonnant que notre inconscient enregistre l'expérience du changement comme un traumatisme, et que toute notre vie, il se mobilise pour y résister !

Voilà pourquoi il est si important de travailler sur la relation entre notre conscient et notre inconscient. Le cavalier a besoin de rassurer et de guider le cheval pour le faire avancer dans la bonne direction.

C) La marche du Bouddha

Une pratique qui permet d'instaurer un dialogue entre conscient et inconscient est la marche du Bouddha, une forme de méditation de pleine conscience.

- Choisissez un endroit au calme, où vous avez l'espace pour faire au moins une dizaine de pas à la suite, sans faire demi-tour.
- Commencez à marcher lentement, en prenant tout votre temps. Fermez les yeux et prenez conscience de vos gestes, de vos pensées, de vos émotions et de vos sensations. Portez votre attention sur la façon dont votre corps bouge dans cet espace. Marquez une pause.
- À présent, vous allez recommencer à marcher, mais en commençant par l'autre pied que celui que vous auriez levé naturellement. Si vous êtes droitier, levez votre pied

gauche, et inversement si vous êtes gaucher. Levez très lentement le pied et laissez-le un moment en suspension au-dessus du sol, avant de le reposer.

- Continuez à effectuer cette marche très lente, tout en portant votre attention, votre conscience, sur les différents mouvements successifs qui font partie du processus de la marche, depuis le moment où vous levez le pied, jusqu'à ce que vous le reposiez, en passant par un moment de suspension. Observez tout ce qui apparaît. Faites ainsi quelques pas et marquez un temps d'arrêt.
- Maintenant, imaginez que chacun de vos pas représente une décision que devez prendre pour avancer dans la vie, un choix que vous avez à faire. Lever votre pied marque l'abandon de la situation précédente, la situation « à problème » que vous laissez derrière vous, alors que poser votre pied marque l'entrée dans une nouvelle situation que vous avez désirée et décidée. Identifiez une situation dans votre vie qui nécessite de votre part une décision, une action, un choix, puis

remettez-vous très lentement en marche. En levant doucement votre pied, portez votre conscience sur tous les éléments de la situation que vous quittez. Au milieu de votre geste, arrêtez-vous un instant pour observer votre posture, tous les petits ajustements qu'opère votre corps pour maintenir la station debout, votre impulsion de reposer le pied pour retrouver une position plus stable et plus confortable.

- Faites ainsi quelques pas, puis marquez un temps d'arrêt pour intégrer l'expérience.

Quelles sont vos observations ? Comment avez-vous vécu cet exercice ? Qu'en retenez-vous ?

D) Le recadrage en 6 étapes

Nous appelons « cadre » les frontières et les contraintes d'un événement. Le cadre filtre nos perceptions, nous donne des repères quant à la nature des informations présentes ou absentes, et détermine en grande partie le sens que nous allons donner à l'expérience.

Recadrer est une technique de coaching qui signifie changer de point de vue, de perspective, d'angle. En plaçant une expérience dans un autre cadre, plus approprié, elle prend une autre signification et peut permettre de transformer une difficulté en opportunité.

Le recadrage de contexte part du principe que tout comportement est forcément utile dans un contexte donné et vise à proposer un nouveau contexte où le comportement problématique serait approprié et bénéfique.

Par exemple « Je suis trop prudent » peut se recadrer par « Au moins tu es un conducteur fiable ».

Dans le recadrage de contenu, nous allons intervenir au niveau de la logique, du lien de cause à effet d'un raisonnement.

Par exemple « Se lancer, c'est prendre le risque d'échouer » peut se recadrer par « Se lancer est la seule façon de se rapprocher de mon but ».

Dans l'exercice du recadrage en 6 étapes, nous allons nous adresser à une partie de nous qui s'oppose au changement. L'objectif est de donner à la partie responsable du problème des nouvelles perspectives qui permettront le changement tout en respectant ses besoins profonds. Pour ce faire, nous allons établir une communication avec la partie responsable du problème, puis négocier des choix alternatifs acceptables pour cette partie. Nous allons également faire appel à notre partie créative, celle qui peut imaginer et proposer des solutions alternatives.

Cet exercice fait appel à un principe de base de la PNL, celui de « s'accorder et guider ».

En effet, pour préparer le terrain à l'ouverture et au changement, il est nécessaire, en premier lieu, de s'accorder sur l'intention positive sous-jacente de la personne ou de la partie responsable du comportement inadapté, avant de pouvoir la guider vers d'autres choix plus appropriés.

Ces choix doivent permettre d'offrir à la personne ou à la partie de nouveaux moyens pour satisfaire son intention positive.

Étape 1 : Prenez un moment pour vous détendre, pour vous centrer sur vous-même. Portez votre attention sur le symptôme ou le comportement récurrent qui vous incommode et que vous voulez changer (« À chaque fois que je..., je me mets à... ; c'est plus fort que moi » ou « je n'arrive pas à... »).

Par exemple : « À chaque fois que je vois mon patron, j'ai envie de lui demander de me confier un nouveau poste, mais je n'ose jamais, je me dégonfle à chaque fois. »

Étape 2 : Entrez en communication avec la partie responsable du symptôme ou problème, si possible en posant votre main là où elle se situe dans votre corps. Si vous voulez, vous pouvez lui donner un nom, en lien avec le comportement qu'elle génère. L'important sera juste d'utiliser toujours le même nom.

Par exemple : « le dégonflé ».

Demandez-lui si elle est d'accord pour communiquer et trouver une solution à votre inconfort, et, le cas échéant, quelle est son intention positive pour ne pas communiquer avec vous. Soyez particulièrement attentif aux mots, images ou ressentis qui peuvent émerger. Si elle répond positivement, poursuivez.

Étape 3 : Identifiez et reconnaissez l'intention positive de la partie responsable. Faites la distinction entre le comportement « problématique » et la partie qui a l'intention de bien faire. Remerciez la partie responsable pour sa présence et demandez-lui ce qu'elle cherche à vous communiquer avec ce comportement.

Par exemple : « Le dégonflé cherche à me protéger d'un éventuel refus et d'une déception. »

Étape 4 : Entrez en communication avec votre partie créative, si possible en posant votre main là où elle se situe dans votre corps. La aussi, si vous le souhaitez, vous pouvez lui donner un nom.

Demandez-lui de trouver des alternatives de comportement (trois ou quatre) qui préserveront l'intention positive de la partie responsable sans les conséquences négatives du comportement qui pose problème.

Par exemple : « Je pourrais prendre des cours d'affirmation de soi ; je pourrais me rapprocher de mon patron pour mieux me faire connaître ; je pourrais rencontrer la DRH pour avoir son avis sur cette promotion ; je pourrais questionner mon collègue qui a réussi à obtenir une promotion pour savoir comment il s'y est pris… »

Étape 5 : Obtenez l'accord de la partie responsable d'expérimenter un ou plusieurs des nouveaux choix. Si aucun choix n'est accepté, ou s'il n'y a pas de signal, revenez à l'étape 4 et trouvez d'autres choix.

Étape 6 : Vérifiez l'écologie du choix retenu en vous demandant s'il y a une partie de vous qui peut s'opposer à ce changement. Si oui, identifiez la partie et reprenez à partir du point 2.

Imaginez les effets du nouveau comportement dans une situation future et vérifiez la pertinence des résultats.

Par exemple : « Grâce à ces différentes actions, je gagnerai en assurance et je serai plus à l'aise pour discuter de ma promotion avec mon patron. »

E) Les croyances

Les croyances sont des affirmations sur soi, les autres, le monde, à propos de ce qui relie les éléments ensemble et à propos de ce qui les délimite. Elles fonctionnent comme des règles internes qui nous indiquent par nos ressentis (stress ou détente) ce qu'il est possible ou impossible de faire dans une situation donnée, ce qui est permis et ce qui est interdit.

Nous formons nos croyances à partir d'une expérience décisive dont l'interprétation est généralisée. Une croyance est dite « facilitante » quand elle apporte un soutien à la réalisation d'une action, ou « limitante » dans le cas contraire. La pensée positive ne fait pas tout ; encore faut-il y croire ! Il est certain que si vous ne pouvez pas croire, incarner et vivre ce que vous vous dites, il n'y aura pas de changement.

Il y a 6 croyances clés, identifiées comme pertinentes dans le processus de changement. En exprimant la déclaration spécifique de chacune de ces croyances, notez le degré de confiance, sur une échelle de 1 à 10, avec 1 pour le niveau le plus bas et 10 pour le niveau le plus haut. Comme à votre habitude maintenant, vérifiez ce degré au niveau de la tête (cognitif), du cœur (émotionnel) et du ventre (somatique) :

	La tête	Le cœur	Le ventre
Désirable « Le changement est désirable et important et je veux l'opérer. »	☐	☐	☐
Possible « Je peux changer. »	☐	☐	☐
Écologique « Ce que j'ai à faire pour changer est juste et écologique. »	☐	☐	☐

	La tête	Le cœur	Le ventre
Capacités « J'ai les capacités nécessaires pour changer. »	☐	☐	☐
Permission « Je mérite de changer et d'obtenir des résultats plus satisfaisants. »	☐	☐	☐
Responsabilité « Il est de de ma responsabilité de changer. »	☐	☐	☐

Croyez-vous qu'il est possible pour vous de changer ? Ou rencontrez-vous du scepticisme, de la résistance ?

Si vous avez un score bas (en dessous de la moyenne) pour une ou plusieurs des déclarations énoncées ci-dessus, formulez alors précisément votre conviction personnelle associée, la croyance qui limite vos actions. Que vous dites-vous à vous-même ?

Nous parlons du phénomène « d'impuissance apprise » quand une personne s'attend systématiquement à l'échec jusqu'à renoncer avant d'essayer, même quand une bonne opportunité se présente. La personne se maintient dans une situation d'inertie, en se disant que de toute façon, elle ne va pas réussir.

Soyons conscients de la puissance des mots que nous entendons, lisons ou pensons. Les voix négatives, qu'elles soient celles des autres ou celle de notre dialogue intérieur, sapent nos meilleures intentions. Faites la distinction entre les faits et la fiction. Et rappelez-vous toujours que, tant que vous n'avez pas essayé quelque chose, vous n'avez pas la preuve que vous ne pouvez pas le faire.

Le Travail

Voyons plus en détails une technique efficace pour réorienter vos pensées vers une affirmation de soi plus positive et plus engageante. Cette méthode s'appelle « Le Travail » et a été conçue par l'auteur et conférencière Katie Byron. Ce moyen simple de questionner vos pensées donnera un éclair de conscience sur vos habitudes limitantes. Les habitudes préfèrent rester dans l'ombre de l'inconscient. Mais une fois qu'elles ont été exposées à la lumière de la conscience, elle deviennent malléables.

Il n'est évidemment pas question de vous blâmer ou de vous sentir coupable. Il s'agit seulement de découvrir les alternatives qui peuvent vous apporter la confiance et l'élan pour changer.

Pendant que vous répondez aux questions, fermez les yeux, détendez-vous et observez ce qui arrive. Écoutez votre baromètre interne pour savoir où vous en êtes. Utilisez les quatre questions suivantes et les sous-questions optionnelles pour la croyance que vous voulez remettre en question.

Par exemple : « Je ne suis pas capable de faire autrement, je n'y arriverai jamais. »

Question 1 : Est-ce vrai ?

- Si oui, allez à la question 2.
- Si non, allez à la question 3

Question 2 : Pouvez-vous être absolument certain que c'est vrai ? Pouvez-vous prouver que c'est la vérité absolue ?

Question 3 : Comment réagissez-vous, que se passe-t-il, quand vous avez cette pensée ?

- Cette pensée apporte-t-elle de la paix ou du stress dans votre vie ?
- Quelles images voyez-vous, du passé et de l'avenir, et quelles sensations physiques surviennent lorsque vous avez cette pensée et observez ces images ?
- Quelles émotions surviennent lorsque vous avez cette pensée ? Aidez-vous de la liste des émotions de la page 26.
- Y a-t-il des obsessions, des pulsions ou des addictions qui commencent à apparaître lorsque vous avez cette pensée (alcool, médicaments, drogues, achats compulsifs, nourriture, sexe, télévision, etc.) ?
- Comment traitez-vous les autres personnes et vous-même quand vous avez cette pensée ?

Question 4 : Qui seriez-vous sans cette pensée ?

Retournement : Considérez le contraire de votre pensée initiale et retournez-la.

Par exemple : « Je suis capable de faire autrement, j'y arriverai toujours ; j'arriverai toujours à faire autrement, je suis capable ; je suis capable d'y arriver, de toujours faire autrement… »

Expérimentez pleinement les retournements, et demandez-vous pour chacun : « Est-ce aussi vrai ou plus vrai que le précédent ? »

Trouvez des exemples précis où ce retournement est vrai dans votre vie.

Formulez une affirmation positive qui vous enthousiasme et vous donne de l'énergie pour agir.

Attention, tant que vous sentez encore une résistance ou de l'inconfort, votre travail n'est pas achevé. Repassez par les différentes questions pour continuer le retournement de vos croyances limitantes.

« Je peux le faire.
Je veux le faire.
Je vais le faire.
Je le fais de mon mieux et je suis heureux. »

F) Les affirmations positives

Une bonne façon d'engager notre inconscient dans le changement est de l'inonder d'affirmations positives. Une affirmation positive décrit en une phrase notre but dans sa forme déjà complétée, comme si le but était déjà atteint. Les quelques mots de cette phrase sont très puissants car ils nous font vibrer. Et à force de les répéter, nous les programmons dans notre inconscient qui met alors tout en œuvre pour leur donner vie.

Antony Robbins, coach et auteur de renom international, a expliqué ce phénomène comme ceci : « Il y a dans chaque être humain une force intérieure, qui, une fois libérée, peut faire de chaque vision, rêve ou désir, une réalité. »

Voici quelques idées pour vous aider à construire vos affirmations positives et libérer la force en vous :

- Parlez de vous, débutez par « Je » ou « Je suis » ou « J'ai ».
- Utilisez le temps présent, comme si ce que vous voulez existait déjà, était déjà accompli.

- Utilisez le positif pour affirmer ce que vous voulez.
- Soyez bref et simple, utilisez des rimes, donnez une mélodie à vos affirmations, associez-les à un geste, incluez une émotion ou une sensation pour faciliter la rétention et donner-leur de la puissance ;
- Soyez le plus spécifique possible, contextualisez comme pour la définition d'objectifs.
- Ajoutez « et plus » à la fin de vos affirmations, pour pouvoir aller encore plus loin.

À présent, prenez un temps de repos.

- Passez quelques minutes à vous détendre en portant votre attention sur votre respiration.
- Souvenez-vous des choses décourageantes et limitantes que vous vous êtes dites.
- Pour chaque chose négative que vous trouvez, exprimez une affirmation positive capable de la neutraliser.
- Notez dans votre cahier vos affirmations positives.

La puissance augmentera avec la pratique et la répétition :

- Prenez le temps de lire vos affirmations personnelle le matin en vous levant et le soir avant de vous endormir.
- Affichez-les sur le miroir de votre salle de bains. Regardez-vous dans les yeux en les répétant à voix haute et avec conviction après vous être brossé les dents.
- Affichez-les sur vos écrans de téléphone, d'ordinateur.
- Enregistrez-vous les exprimant à haute voix, et écoutez les régulièrement.

G) Développer les ressources

Parfois, il peut être utile de renforcer les ressources que nous avons identifiées comme essentielles à notre changement. Grâce à cet exercice, nous allons pouvoir amplifier leur intensité :

1. Identifiez une ressource dont vous allez avoir besoin pour atteindre votre objectif et réaliser votre projet, par exemple la persévérance (ça aide, surtout au début).

2. Pensez à un moment où cette ressource était présente dans votre vie. Où et quand exactement avez-vous expérimenté la ressource à développer ?
3. Souvenez-vous en détails de ce moment précis. Qu'avez-vous vu, entendu, senti et ressenti à ce moment-là ? Qui était avec vous ? Où étiez-vous ? Quelles étaient les couleurs, les sons, la température ? Qu'avez-vous senti dans votre corps ?
4. Quand vous êtes parvenu au même état, amplifiez encore les ressentis, les messages, les sensations positives…
5. Imaginez-vous dans un moment futur où la ressource sera nécessaire et vérifiez l'impact de la ressource amplifiée. Est-elle suffisamment forte et intense pour traverser ce moment avec succès ? Si la réponse est non, vous pouvez reprendre au point 3, ou choisir un autre moment où la ressource était présente, à partir du point 2.

Maintenant que nous avons pris du recul et lâché prise sur nos pensées limitantes, voire néfastes, continuons notre parcours. Nous pouvons maintenant passer aux choses sérieuses.

Étape 5 - Planifier

Pour arriver à bon port, nous avons besoin d'un itinéraire. Pour nous rapprocher de notre but, nous avons besoin d'un plan d'action. Notre but est un projet ambitieux et important pour nous, qui s'inscrit dans le temps et qui nécessite d'être décomposé en étapes, en sous-objectifs, puis en listes d'actions quotidienne afin de :

- Transformer des échéances lointaines en délais quotidiens et ainsi d'éviter d'être démotivé par une réussite éloignée dans le temps ;
- Prioriser, décider par où commencer et ainsi éviter de vous sentir submergé, bloqué ;
- Trouver le bon équilibre entre le défi à relever et ce dont vous êtes capables aujourd'hui ;
- Développer une habitude de persévérance et d'effort ;
- Progresser notablement, dans le plaisir et avec satisfaction.

« Celui qui déplace la montagne, c'est celui qui commence à enlever les petites pierres. »

Confucius

La matrice d'Eisenhower

Cette méthode mondialement connue et appliquée pour la planification et la priorisation des tâches est un outil puissant pour canaliser notre activité avec pertinence, efficacité et facilité. Dwight David Eisenhower, 34e président des États-Unis, qui souffrait de procrastination chronique, a initié cette méthode basée sur l'évaluation de l'importance et de l'urgence d'une action. Cette évaluation donne 4 niveaux de valeur :

I : Problèmes - Les tâches importantes et urgentes qui méritent votre attention immédiate.

II : Déviations - Les tâches urgentes, pas importantes (pour vous), à exécuter vous-même ou à déléguer rapidement.

III : Préparation - Les tâches importantes, mais pas urgentes, qu'il est possible de déléguer ou de programmer plus tard.

IV : Distractions - Les tâches ni importantes ni urgentes qu'il vaut mieux laisser tomber.

Pour appliquer cette méthode, suivez ces 3 étapes :

1 - La *to-do list* globale

Dressez une liste de l'ensemble des tâches, sous-objectifs et actions (dans un tableur pour faciliter l'utilisation de la méthode). Cette liste inclut de petites tâches, comme des coups de téléphone importants, et de plus gros projets que vous allez ensuite décomposer en étapes intermédiaires, en tâches et actions quotidiennes ou hebdomadaires. Ces tâches et actions doivent être précis, ainsi vous saurez exactement quand vous les aurez réalisées.

2 - La priorisation

Priorisez les tâches et actions en fonction de leur urgence et de leur importance. Dans votre fichier, ajoutez trois colonnes :

- Niveau de priorité (de I à IV) selon la hiérarchie Eisenhower
- Durée
- Date d'échéance

3 - La *to-do list* du jour

Avant de démarrer votre travail le matin, prenez quelques minutes pour noter les tâches sélectionnées pour la journée selon les proportions suivantes :

Problèmes : 30 % (les urgences absolues et incontournables)

Déviations : 20 % (en laissant un peu de temps pour les tâches imprévues)

Préparation : 50 % (en anticipation d'urgences éventuelles)

Distractions : 0 % (il est urgent d'attendre)

À chaque fois que vous terminez une tâche, rayez-la d'un grand trait de crayon pour marquer le coup. C'est très satisfaisant !

Les tâches que vous n'avez pas pu terminer dans la journée sont réintégrées à la *to-do list* générale et replanifiées.

Attention à ce que la planification ne devienne pas une façon de procrastiner. Elle ne devra pas prendre plus de 8 minutes chaque jour. Après, il faut passer à l'action.

Étape 6 – Réaliser

Que le changement vienne de l'extérieur ou de nous-mêmes, deux possibilités s'offrent à nous : subir notre sort (attendre) ou prendre le cours de notre vie en main (agir).

L'inaction, dans une situation où nous savons quoi faire, mais ne le faisons pas, est une des principales sources de stress dans la vie quotidienne. La procrastination[1] nous vole notre temps et notre identité. En effet, repousser à plus tard ce qui est vraiment important pour nous touche une de nos ressources les plus précieuses : le temps qu'il nous est donné de vivre notre vie dans la meilleure version de nous-mêmes. Comme Steve Jobs, le cofondateur d'Apple, l'a si bien déclaré et démontré :

1 Pour en savoir plus : Monique Richter, *Aujourd'hui (et non demain), j'arrête de procrastiner*, Éditions First, 2015.

« Notre temps est limité, ne le gaspillons pas en menant une vie qui n'est pas la nôtre. »

Alors agissons et ce stress disparaîtra !

A) La motivation

Une masse au repos tend à rester au repos. Au contraire, une masse en mouvement tend à rester en mouvement. Bien sûr, il faut de l'énergie et de la force pour provoquer un mouvement chez une masse au repos, mais une fois l'action démarrée le mouvement devient plus facile et plus fluide.

Cette force physique a son équivalent mental. Cette force, cette énergie à s'engager dans une activité précise s'appelle la motivation. La motivation détermine le déclenchement de l'action dans une certaine direction et avec une certaine intensité, et en assure la prolongation jusqu'à son aboutissement ou son interruption. Comme pour le mouvement de la masse, comprenez qu'un minimum d'énergie, de motivation, sera toujours nécessaire pour initier vos actions. Et que plus vous progresserez vers l'atteinte d'un objectif, plus vous serez motivé à poursuivre.

Piers Steel, auteur du livre *L'Équation de la procrastination*, présente la motivation comme le résultat d'une opération de quatre facteurs :

$$\text{Motivation} = \frac{\text{Attente} \times \text{Valeur}}{\text{Impulsivité} \times \text{Délai}}$$

Dans cette équation, le numérateur (Attente × Valeur) est lié à la peur d'échouer ou de réussir :

- L'attente fait référence à l'espoir de réussite. Cultivez votre confiance à pouvoir progresser pas à pas, à votre rythme.
- La valeur fait référence à l'importance de la tâche, au plaisir éprouvé à l'effectuer et à la satisfaction de l'avoir achevée.

Le dénominateur (Impulsivité × Délai) est lié à la capacité de gérer le temps :

- L'impulsivité renvoie à la tendance à être distrait, à l'incapacité de rester concentré et à la difficulté à gérer des émotions désagréables.
- Le délai fait référence au temps qu'il faut pour accomplir la tâche et obtenir la récompense associée.

Prenez un moment pour réfléchir à cette équation et aux 4 facteurs influant sur votre niveau de motivation. Comment pouvez-vous modifier cette équation pour augmenter votre motivation ?

Une fois vos explorations et vérifications terminées, écrivez votre objectif et ses différents éléments noir sur blanc et prenez l'habitude de le relire tous les matins au lever et tous les soirs avant de vous coucher. Inscrivez-le aussi dans votre agenda afin de l'avoir sous les yeux quotidiennement. Lisez-le minutieusement et autant de fois que vous pouvez.

B) La visualisation

Un moyen de générer de la motivation et de faciliter le démarrage est de visualiser les effets des efforts fournis. Comme dans le tameshiwari (le fameux test de casse des arts martiaux), la technique consiste à poser son regard légèrement au-delà de son objectif (la planche en bois ou la brique à casser chez le karatéka), à se positionner légèrement après celui-ci, comme si ce dernier était déjà atteint.

Installez-vous dans un endroit calme. Assis ou couché, fermez tranquillement les yeux et procédez comme suit :

- Demandez-vous : « Si je pouvais déjà réaliser mon nouvel objectif, qu'aimerais-je obtenir ? » Orientez vos yeux vers votre oreille gauche, sans forcer, pour optimiser l'accès aux réponses internes. Où voulez-vous aller ? Que voulez-vous obtenir comme résultat ? Où se situe votre ligne d'arrivée ? Exprimez votre objectif à haute voix.
- Relaxez-vous, respirez et détendez-vous.
- Construisez une image de vous ayant déjà atteint l'objectif avec le maximum de détails possible. Orientez vos yeux vers le haut et la droite, sans forcer, pour optimiser l'accès à votre imaginaire. Si besoin, aidez-vous du souvenir d'une réussite similaire ou en prenant l'exemple de quelqu'un qui a réussi dans votre entourage.
- Passez quelques minutes à vivre le résultat que vous souhaitez, non pas comme une possibilité, mais comme une réalité. Vivez la réussite de votre objectif, observez les effets pour

vous et votre entourage dans les moindres détails, comme si c'était déjà fait.

- Que voyez-vous ? Qu'entendez-vous ? Quelles sont vos sensations, vos sentiments ?
- Ressentez les bénéfices d'avoir terminé et examinez vos pensées pendant quelques minutes.
- Ouvrez les yeux, regardez votre environnement.

Comprenez que la puissance de cet exercice augmente avec la pratique et la répétition. Faites-le aussi souvent que vous pouvez et au moins une fois par jour… Non seulement vos actions deviendront plus faciles et fluides, mais vous saurez soudain reconnaître des situations et opportunités favorables à votre objectif.

Dominique Glocheux, auteur, éditeur et conférencier, aussi appelé « monsieur Bonheur », confirme que « le meilleur moyen de se préparer à atteindre un objectif, c'est de s'imaginer qu'on l'a déjà atteint ».

C) Comme si

Le cadre du « comme si » est très fréquemment utilisé en coaching pour créer un contexte plus large, pour accéder à des informations non disponibles dans notre représentation de la réalité. C'est une façon ludique et amusante de lever les blocages afin d'accéder à la richesse immensurable de notre inconscient, et avec l'aide de notre enfant intérieur, de laisser libre cours à notre imagination, notre originalité et notre créativité. Il suffit d'imaginer, de faire semblant d'avoir une baguette magique, de faire comme si tout était possible. Bien sûr, il ne s'agit pas de se mentir à soi-même ou aux autres, mais d'introduire de la légèreté, de l'espace, pour trouver de nouvelles solutions, pour tester de nouveaux comportements et sortir d'une situation qui semble bloquée.

- Vous n'arrivez pas à faire telle ou telle chose ? Faites comme si vous le pouviez !
- Vous ne savez pas comment faire ? Faites comme si vous saviez !

D) Déclencher

Pour passer à l'action, plutôt que de se concentrer sur la tâche à effecteur et son coût en termes de temps ou d'implication physique et intellectuelle, une méthode consiste à porter son attention sur l'impulsion, le déclenchement de l'effort. Cela évite d'être submergé par tout ce qu'il y a à faire au point d'être paralysé. Concrètement, cela consiste à commencer la tâche, ne serait-ce qu'en n'y accordant que quelques minutes pour que la stimulation personnelle se réveille et prenne le dessus.

Étape 7 - Célébrer

Entretenir l'élan

Motivation, intention et élan sont des éléments vitaux qui s'entretiennent. Pour soutenir nos efforts à prendre de nouvelles habitudes et intégrer de nouveaux modes de pensées, il faut maintenir une attitude positive et une énergie suffisante.

Pour collecter vos premières victoires, commencez par relever de petits défis, exprimez-vous avec authenticité, entraînez-vous avec des personnes bienveillantes de votre entourage proche. Renforcez jour après jour votre confiance et votre sérénité, pour préparer les étapes suivantes.

Comme le dit si justement mon ami Claude « un petit peu est le début de beaucoup ».

Prenez aussi le temps d'enregistrer ce qui est fait, et pas seulement ce qui reste à faire. Dans votre cahier dédié, tenez le journal de tous vos petits et grands succès. Sachez reconnaître les actions qui créent une amélioration progressive, constante, vérifiable et notable de votre situation. Félicitez-vous et récompensez-vous par des choses qui vous font plaisir.

Le bénéfice est double :

- Vous pouvez suivre vos progrès pas à pas, et ainsi valoriser et soutenir vos efforts.
- En cas de découragement, vous pouvez relire vos notes pour vous rebooster et vous remettre sur les rails.

« Si vous vous critiquez depuis des années et que ça ne marche pas, essayez de vous encourager et de vous féliciter et voyez ce que ça donne... »

Patrick Leroux

Ne pas abandonner

Généralement, quand on sent qu'on perd le cap, on perd aussi son emprise émotionnelle et l'envie de tout abandonner guette. Une fois que le doute et l'insécurité s'installent, on finit fatalement par se demander quelle est l'utilité de tous ces efforts…

S'il vous arrive de penser que la réussite est impossible et qu'il ne sert donc à rien d'essayer, rappelez-vous que sans un minimum d'efforts, aucun succès n'est garanti.

Prenez un moment pour trouver ce qu'il y a de bon dans une situation. Qu'est-ce qui entraîne cette baisse de motivation ? Sachez conserver votre objectivité et votre indulgence envers vous-même et ne ruminez pas sans fin. Lâchez prise, détendez-vous, accordez-vous une pause, profitez-en pleinement, stimulez votre motivation et votre humeur pour mieux revenir à votre objectif plus tard.

Vous pouvez aussi faire appel au soutien des autres. Car être autonome ne veut pas dire « faire tout seul », mais plutôt « faire ce que je peux et savoir à qui confier ce que je ne peux pas faire ». Pensez donc à informer vos amis de vos objectifs :

ils prendront des nouvelles, ils vous encourageront et vous donneront de l'élan pour garder le cap.

Rappelez-vous également que tenir ses engagements, se concentrer, maintenir son niveau de motivation, demande de l'énergie. Nous ne pouvons pas continuer nos efforts si nous sommes exténué, stressé, sous pression ou affaibli. Bien peu de héros du quotidien pensent à cet aspect pourtant primordial pour notre bien-être et notre épanouissement personnel. Un état d'esprit positif, une alimentation saine, une hygiène de vie impeccable et une durée de sommeil suffisante sont tout aussi importants qu'un objectif bien défini.

Pour finir, ne vous enfermez pas : passez-vous un peu d'eau froide sur le visage et sortez de chez vous. En revenant, vous pourrez toujours reprendre les choses là vous les avez laissées…

Conclusion

À présent, votre objectif est de mettre en pratique dans votre vie les informations et les exercices que vous avez retenus.

Comment ces différents éléments peuvent-ils être connectés à votre vie quotidienne pour vous aider à construire celle de demain ?

J'espère que le cahier que vous avez dédié à votre auto-coaching vous sera utile et précieux pour la suite. Consultez-le régulièrement tant que cela vous aide, et continuez à y consigner vos observations, vos progrès et vos prises de conscience.

Puis, le jour où vous serez vraiment passé à autre chose, rangez-le quelque part mais ne le jetez pas. Dans quelques années, le relire pourra être une expérience très intéressante !

J'espère aussi que votre chemin d'auto-coaching et de développement personnel ne s'arrête pas ici ; il y a encore tellement de choses à découvrir, tellement de voyages intérieurs à faire !

Remerciements

Aux éditions First, représentées par Lisa Marie, pour leur patience et leur confiance, à mes enseignants et modèles, pour leur sagesse et l'inspiration qu'ils m'ont donnée, à mes clients pour leur partages et leur éclairages, à mes lecteurs pour leur intérêt et leurs retours[1], à mes amis pour leur amitié et leur bienveillance, à ma famille et mes enfants, pour leur présence et leur amour, je dis, de tout cœur : merci.

1 Je serais ravie de lire vos commentaires et retours sur contact@latoutdebabel.com

Bibliographie et sources

Livres

Daniel Goleman, *L'Intelligence émotionnelle*, J'ai lu, 2003

Frederic Hudson, *The Adult Years: Mastering the Art of Self-Renewal*, Jossey-Bass, 1999

Jane Turner, Bernard Hévin, *9 bonnes façons de construire sa vie adulte*, InterEditions, 2010

John Kehoe, *Mind Power into the 21st Century*, Zoetic Books, 1987

Monique Richter, *Aujourd'hui (et non demain), j'arrête de procrastiner*, Éditions First, 2015

Monique Richter, Kate Burton, *Le Coaching avec la PNL pour les Nuls*, Éditions First, 2013

Monique Richter, Rhena Branch, Rob Wilson, *L'Estime de soi pour les Nuls*, Éditions First, 2015

Piers Steel, *The Procrastination Equation*, Harper, 2011

Shelle Rose Charvet, *Le Plein Pouvoir des mots*, InterEditions, 2009

Thomas D'Ansembourg, *Cessez d'être gentil, soyez vrai !*, Éditions de l'Homme, 2001

Yves-Alexandre Thalmann, *Le Décodeur des émotions*, Éditions First, 2013

Sites internet

Anthony Robbins : *www.tonyrobbins.com*
Colin Rose : *www.acceleratedlearning.com*
Jean-Jacques Crèvecœur : *www.jeanjacquescrevecoeur.com*
Patrick Leroux : *www.patrickleroux.com*
Robert Dilts : *www.nlpu.com*

Index

A
Affirmations positives 123, 124
Alignement 81, 82, 86, 106
Authenticité 36, 138

B
Baromètre interne 27, 30, 33, 87, 95, 101, 120
Bienveillance 34, 35
Bilan d'incompétences 62

C
Cadre 20, 69, 75, 110
Cadre du « comme si » 136, 137
Cahier d'auto-coaching
Communication 75, 112, 113, 114
Congruence 36, 106

D
Décision 8, 18, 25, 97, 109
Domaines de vie 88, 89, 93

E
Écologie 17, 115
Émotions 10, 26, 27, 30, 34, 81, 88, 108, 121, 133

État désiré 20, 70
États internes 26, 30, 53
État présent 20, 69, 78

F
Feedback 63, 94
Fiction 25, 82, 119

H
Habitude 17, 46, 52, 53

I
Intention positive 38, 103, 112, 113, 114

M
Matrice d'Eisenhower 93, 128
Méditation 108
Mode de pensées 34, 42
Motivation 132, 133, 134, 138, 140, 141

O
Observateur 25
Obstacles 71, 98, 101, 105
Optimisme 40, 41, 42

P

Perspective 68
Peur 26, 27, 29, 38, 105, 133
Planifier 20, 60, 93, 127
PNL (programmation neurolinguistique) 38, 53, 112
Procrastination 128, 131, 133

R

Recadrage 110, 111
Respiration 29, 35, 125
Responsabilité 18, 42, 94, 97, 118
Ressenti 26, 27, 28, 29, 31, 34, 52, 88, 97, 102, 103, 104, 114, 116
Ressource 70, 71, 125, 126

S

Stress 18, 32, 88, 116, 121, 131

T

Travail (Katie Byron) 26, 119

V

Visualisation 96, 134
Volonté 17, 36

À propos de l'auteur

Monique Richter exerce dans des contextes internationaux et multiculturels comme coach PNL, consultante comportementale et facilitatrice, spécialisée en communication intra- et interpersonnelle. Elle a adapté et écrit plusieurs livres de développement personnel.

Du même auteur

Le Coaching avec la PNL pour les Nuls (adaptation française), First, 2013.

L'Estime de soi pour les Nuls (adaptation française), First, 2015.

Aujourd'hui (et non demain) j'arrête de procrastiner, coll. « Résiste ! », First, 2015.